朝倉日英対照言語学シリーズ ④

[監修] 中野弘三・服部義弘・西原哲雄

形態論

Morphology

漆原朗子 [編]

朝倉書店

シリーズ監修

中 野 弘 三　　名古屋大学名誉教授

服 部 義 弘　　大阪学院大学外国語学部教授・静岡大学名誉教授

西 原 哲 雄　　宮城教育大学教育学部教授

第4巻編集

漆 原 朗 子　　北九州市立大学基盤教育センター教授

執筆者（執筆順）

漆 原 朗 子　　北九州市立大学基盤教育センター教授

岸 本 秀 樹　　神戸大学大学院人文学研究科教授

高 橋 勝 忠　　京都女子大学文学部教授

西 山 國 雄　　茨城大学人文学部教授

伊 藤 たかね　　東京大学大学院総合文化研究科教授

杉 岡 洋 子　　慶應義塾大学経済学部教授

松 本 裕 治　　奈良先端科学技術大学院大学教授

刊行のことば

　20世紀以降の言語学の発展には目覚ましいものがあり,アメリカ構造主義言語学から,生成文法,さらには最近の認知言語学に至るさまざまな言語理論が展開・発展を続けている.これと同時に,急速なコンピューターの技術革新などによる,コーパス言語学をはじめとする各種の方法論の導入によって,言語研究は言語一般の研究分野においても,各個別言語の分析においても,日進月歩の発達を遂げてきたといえる.個別言語の1つである英語についても,共時的な観点と通時的な観点の双方から,さまざまな側面についての分析が行われ,その成果は,多くの論文や著書の形で公刊されるに至っている.

　言語一般の研究にせよ,各個別言語の研究にせよ,その研究分野は次第に特殊化・細分化されてゆき,その内容が複雑・多様化するに伴って,今日では,専門の研究者ですら,その分析手法などが異なれば,自らの研究分野での研究成果を的確に理解できないという事態が生じうる.このような状況では,英語学・言語学を志す初学者が手早く専門分野の知識を得たいと思う場合,また,英語や日本語教育に携わる教員が幅広く言語学全般の知識を得たいと思う場合に,大学での教授者がそのような要望に応えることは容易ではない.しかし,他方では,英語学・言語学の複雑多様化した研究分野についての的確な知識を初学者や言語教育者に提供する必要性は少なからず存在するものと思われる.

　そこで,われわれは,英語学,英語教育学あるいは言語学に関心をもつ学生,および英語・日本語教育関係者を読者対象に想定し,英語学・言語学の各専門分野についての概観を意図した『朝倉日英対照言語学シリーズ』の編纂を企画したのである.本シリーズの基本方針としては,日本人の母語である日本語との比較・対照を図ることにより,英語学の知識をいっそう深めることができるものと考え,可能な限りの範囲で,日英対照という視点を盛り込むよう,シリーズ各巻の編集・執筆者に依頼することとした.また,英語学・言語学の基本的な概念や専門用語を提示することとあわせて,それぞれの分野の最新の研究成果についても,スペースの許す範囲で盛り込んでゆくことを方針とした.本シリーズを教科書として

使用される教授者にとっても益するところがあるようにとの配慮からである．

　幸運なことに，各巻の編集者には，各分野を代表する方々を迎えることができ，それらの方々には，上に述べた基本方針に従って，それぞれの分野において特色ある優れた入門書兼概説書を編集してもらえるものと確信している．本シリーズの構成は以下の7巻からなる．

　　第1巻『言語学入門』西原哲雄 編
　　第2巻『音声学』服部義弘 編
　　第3巻『音韻論』菅原真理子 編
　　第4巻『形態論』漆原朗子 編
　　第5巻『統語論』田中智之 編
　　第6巻『意味論』中野弘三 編
　　第7巻『語用論』中島信夫 編

　読者の方々は各自の専門分野に関する巻はもちろん，そうでない他の巻や隣接する分野の巻についても参照されることを希望するものである．そうすることによって，読む人の英語学・言語学各分野についての理解はいっそう広まり，深まるものと確信する．

　2012年3月
　　　　　　　シリーズ監修者　中野弘三，服部義弘，西原哲雄

まえがき

　本書は『朝倉日英対照言語学シリーズ』第4巻として，言語学の下位分野の1つである形態論における研究の様々な側面を扱う．

　本シリーズは対象読者として言語学，英語学，日本語学に関心を持つ大学学部生及び教育関係者を想定している．教養教育科目としての言語学，英語学，あるいは日本語学の概論ないし入門といった科目での使用を念頭に置きつつも，「より深く勉強したい人のために」「演習問題」を活用することにより，専門教育科目においても有用であるように工夫がなされている．また，特に本巻は，後述するような形態論という領域の多面性から，音韻論，統語論，意味論など，言語学の他の下位分野に関連する記述や文法理論の変遷にかかわる説明も含まれている．そのような点からは学部の演習，あるいは大学院入門レベルでの活用も可能であると考えている．

　形態論の研究対象は語である．しかし，語とは何かという問いに対する答えは，直観的には自明のようであるものの，定義しようとすると実は大変むずかしい問題をはらんでいる．少なくとも，ソシュール以来，語（言語記号）は形式（音声）と意味（概念）の対から成るというのが一般的理解である．そのように考えると，形態論はその射程に音韻情報も意味情報も含むこととなる．また，動詞由来複合語の分析などには，動詞の持つ統語的・意味的情報が不可欠である．さらには，語を構造にしたがって結びつけることにより文が作り出されるわけであるが，その結びつきを統括する統語論においても，語の範疇をはじめとする様々な情報が重要な役割を果たす．

　したがって，形態論において，語の特性，内部構造，変化などについて研究する際には，音声学，音韻論，統語論，意味論といった言語学の他の下位分野との関係も視野に入れる必要がある．

　そのような前提に立ち，本書では以下のような構成をとっている．まず，第1章において形態論で用いられる基本的用語および語形成について説明，あわせて，文法における形態論の位置づけについても概説する．そこで見た位置づけに関連

して，第2章では，特に語彙部門に属するとされる形態論の諸現象，および統語論との関係について論じる．次に，第3章では，語形成の中でも特に派生とよばれる語形成法を詳細な例と共に説明する．一方，第4章は語形成のもう1つの方法である屈折について，第1章で紹介した Item-and-Arrangement モデルおよび分散形態論の枠組みを用いて詳説する．第5章では，脳科学の知見および実験・測定手法を採用した神経言語学の観点から語の処理に関する実験結果に基づく説明，さらにはそのような実験結果が文法理論の構成に対して持つ示唆を提示する．最後に，第6章はコンピュータによる自然言語処理において不可欠な形態素解析の一端を紹介する．

幸いなことに，それぞれの領域において第一線でご活躍の研究者に執筆をご快諾いただくことができた．各研究者の理論的立場などによって用語の定義や用い方が異なる場合もあるが，このこともまた，形態論という，ある意味で hybrid な（混淆した）分野の特性を物語っていると考えられる．

なお，以下の各章は，科学研究費助成事業（科学研究費補助金）により援助を受けた研究の成果の一部を含んでいる．

第1章　平成24～28年度基盤研究(C)（課題番号　24520435）
第3章　平成23年度基盤研究(C)（課題番号　23520601）
第4章　平成23年度基盤研究(C)（課題番号　23520454）
　　　　平成27年度基盤研究(C)（課題番号　15K02470）
第5章　平成25年度・28年度基盤研究(B)（課題番号　25284089）
第6章　平成18～20年度基盤研究(B)（課題番号　18300051）

末筆ではあるが，執筆と編集の機会を与えて下さり，また貴重なコメントを下さったシリーズ監修者の中野弘三先生，服部義弘先生，西原哲雄先生に厚く御礼を申し上げる．また，シリーズの企画段階から筆者をはじめとする執筆者に適切な助言と激励を下さり，執筆の遅れ，そして校正時の修正などでお手数をおかけしたにもかかわらず迅速にご対応下さった朝倉書店編集部の方々にも，深く感謝している．

2016年5月

漆原朗子

目　次

第1章　文法における形態論の位置づけ ……………………［漆原朗子］… 1
　1.1　形態論の対象 …………………………………………………………… 1
　1.2　形態論の用語 …………………………………………………………… 2
　　1.2.1　語と形態素 ………………………………………………………… 2
　　1.2.2　語基，語幹，語根 ………………………………………………… 3
　　1.2.3　形態素の意味と異形態 …………………………………………… 5
　1.3　語　形　成 ……………………………………………………………… 10
　　1.3.1　派　生 ……………………………………………………………… 10
　　1.3.2　屈　折 ……………………………………………………………… 13
　　1.3.3　派生と屈折の関係 ………………………………………………… 16
　　1.3.4　複　合 ……………………………………………………………… 18
　1.4　形態論と他の部門との関係 …………………………………………… 21
　　1.4.1　アメリカ構造主義における IA モデルと IP モデル …………… 21
　　1.4.2　生成文法における語彙論者仮説 ………………………………… 23
　　1.4.3　分散形態論と非形態素形態論 …………………………………… 24

第2章　語　彙　部　門 ………………………………………［岸本秀樹］… 27
　2.1　語彙部門と語彙の一般的特性 ………………………………………… 27
　　2.1.1　複雑な語の内部 …………………………………………………… 30
　　2.1.2　派生と屈折 ………………………………………………………… 31
　　2.1.3　語の種類と語形成 ………………………………………………… 36
　　2.1.4　複　合 ……………………………………………………………… 38
　2.2　語彙部門と統語部門とのインターフェイス ………………………… 42
　　2.2.1　統語構造と項構造 ………………………………………………… 42
　　2.2.2　項構造を変換する語彙的な規則 ………………………………… 45
　2.3　統語レベルでの語形成 ………………………………………………… 50

2.3.1　言語類型 ………………………………………………… 50
2.3.2　統語部門での語形成と文法理論 ……………………… 51
2.3.3　統語部門と語彙部門をまたぐ語の形成 ……………… 53

第3章　派　生　形　態　論 ……………………………［高橋勝忠］… 58
3.1　派　　　生 ……………………………………………………… 59
3.1.1　派生のメカニズム ……………………………………… 59
3.1.2　派生語の諸制約 ………………………………………… 63
3.2　転　　　換 ……………………………………………………… 69
3.2.1　転換のメカニズム ……………………………………… 69
3.3　複　合　語 ……………………………………………………… 74
3.3.1　複合語のメカニズム …………………………………… 74
3.3.2　複合語の諸制約 ………………………………………… 76
3.4　語彙化と語形成規則の関係 …………………………………… 79

第4章　屈折形態論：日本語動詞の活用と英語の不規則動詞 …［西山國雄］… 84
4.1　形態素の抽出 …………………………………………………… 86
4.2　統語論との関係 ………………………………………………… 89
4.3　英語動詞の屈折 ………………………………………………… 94
4.3.1　Halle and Marantz（1993） …………………………… 95
4.3.2　ブロック（1947） ……………………………………… 99
4.4　日本語動詞の屈折 ……………………………………………… 102
4.4.1　学校文法 ………………………………………………… 103
4.4.2　ブロックの文法 ………………………………………… 104
4.4.3　活用と統語論の関係 …………………………………… 106
4.4.4　活用と音韻論の関係 …………………………………… 109

第5章　語の処理の心内・脳内メカニズム ………［伊藤たかね・杉岡洋子］… 113
5.1　語のレベルの言語処理 ………………………………………… 113
5.2　心と脳の働きから言語処理のあり方をさぐる ……………… 114
5.2.1　心の働きの調べ方 ……………………………………… 114

  5.2.2 脳の働きの調べ方 ································· 115
 5.3 屈折の二重メカニズムモデル ···························· 117
  5.3.1 モデル ·· 117
  5.3.2 レキシコンへの登録 ································ 119
  5.3.3 頻度への依存 ······································ 120
  5.3.4 類似性への依存 ···································· 121
  5.3.5 デフォルト適用としての規則活用と語の内部構造 ········ 122
  5.3.6 脳科学的検証 ······································ 123
 5.4 日本語の名詞化の処理 ································· 124
  5.4.1 名詞化接辞「－さ」と「－み」の違い ················ 125
  5.4.2 容認度判定実験 ···································· 126
  5.4.3 失語症患者を対象とした実験 ························ 128
  5.4.4 プライミング実験 ·································· 130
  5.4.5 まとめと残された問題 ······························ 131
 5.5 日本語の使役構文の処理 ······························· 132
  5.5.1 日本語の2種類の使役構文 ·························· 132
  5.5.2 失語症患者を対象とした実験 ························ 133
  5.5.3 今後の展望 ·· 135
 5.6 文法理論への示唆 ····································· 136

第6章 形態論と自然言語処理 ······················ ［松本裕治］··· 141
 6.1 単 語 と は ··· 141
  6.1.1 単語と形態素 ······································ 141
  6.1.2 複単語表現 ·· 143
  6.1.3 品詞体系と辞書 ···································· 143
 6.2 形態素解析 ··· 146
  6.2.1 日本語の形態素解析 ································ 146
  6.2.2 自然言語処理における形態素解析の基本的な考え方 ···· 147
  6.2.3 形態素解析の代表的なアルゴリズム ·················· 147
  6.2.4 形態素解析における未知語の問題 ···················· 151
 6.3 自然言語処理における単語に関する諸問題 ················· 152

6.4 おわりに ……………………………………………………… 153

索　　引 ……………………………………………………………… 155
英和対照用語一覧 …………………………………………………… 161

第1章 文法における形態論の位置づけ

漆原朗子

1.1 形態論の対象

形態論（morphology）とは，言語学の下位分野の中でも**語**（word）および**語形成**（word formation）を対象とする領域の研究を指す．とはいえ，語とは何かという問いは古くから哲学などの分野でも問われてきた問題である．また，言語を使用する者はだれでも少なくとも自分の第一言語において語とは何かを直観的に知っていると思っている．しかしながら，実際に語を定義することは思ったほどにたやすいものではない．

たとえば，次の各組はそれぞれ同じ語と考えられるだろうか，あるいは，異なる語と考えられるだろうか．

(1) a. 励ます　　　　　励ました
　　b. encourage　　　encouraged
(2) a. 励ます　　　　　励まし
　　b. encourage　　　encouragement

多くの人は，(1) の各組は同じ語の異なる形（語形）であるのに対し，(2) の各組は中心的な概念は同じでも異なる語であると感じるのではないだろうか．形態論においては，このような語と語の関係や語の形成にかかわる概念を整理し，それらが世界のさまざまな言語においてどのように実現されているかを研究する．そして，一見まったく異なる過程や実現の間に**通言語的な**（cross-linguistic）類似性を同定することにより，言語の普遍性の本質の理解を深めることを目的とする．さらには，**音韻論**（phonology），**統語論**（syntax），**意味論**（semantics）などの言語学の他の領域との関係についても研究する．

本章では，まず 1950 年代**アメリカ構造主義言語学**（American structural linguistics）で定義された基本的用語について，日本語・英語を中心とした例を用いて説明する．

次に，それらに基づき，語形成のさまざまな方法を紹介する．最後に，文法における形態論の位置づけが言語学の理論の展開に伴ってどのように変遷してきたかを概括する．

1.2 形態論の用語

1.2.1 語と形態素

前節で見たように，文字表記上は空白あるいはスペースのない一続きの文字で表記されていても，それらがすべて異なる**語**（word）というわけでもない．語の性質をより詳細に理解するために，アメリカ構造主義言語学では**形態素**（morpheme）という概念を導入した．

(3) 形態素：それ自体が意味を担う言語の最小単位

そして，通常形態素は**中括弧**（curly brackets { }）で囲んで表記する．

この形態素 'morpheme' という語自体，日本語では {形態} + {素}，英語では {morph} + {eme} という2つの形態素から成っている．{morph} はギリシア語で「形」という意味を表す morpho に由来する語であり，{eme} はその素という意味である．そして，形態論（morphology）とはまさに語の「形」を研究する学問 {morph} + {(o)logy} なのである．

この形態素という語の成り立ちおよび定義は**音韻論**（phonology）/ **音素論**（phonemics）における**音素**（phoneme）の概念と合わせて考えるとより理解しやすい．音素は通常以下のように定義される．

(4) 音素：意味の弁別にかかわる最小単位

ちょうど形態素 'morpheme' が {形態} + {素}，{morph} + {eme} という語形成であるように，音素 'phoneme' は {音} + {素}，{phone} + {eme} から成る．'phone' は**音声**であり，物理的存在としての音声を対象とする研究分野が**音声学**（phonetics）であった．一方，物理的存在ではなく**心理的実在**（psychological/mental reality）としての音素を対象とする学問がアメリカ構造主義言語学では音素論，主にヨーロッパ構造主義言語学および生成文法では音韻論と呼ばれるわけである．それらとの対比において，形態論は音素より大きな単位である形態素を対象とするのである．

具体的には，ある言語体系において，音素と形態素は以下のように機能している．たとえば，次の各組の語は意味が異なるが，それは，**国際音声字母**（international phonetic alphabet: IPA）による表記（通常**角括弧**（square brackets）で囲む）において，**語頭**（word-initial）あるいは**語末**（word-final）の**音声**（phone）のみが異なるからである．

(5) a. 柿 [kaki]　　　　b. 滝 [taki]
(6) a. mouse [maus]　b. mouth [mauθ]

このように，ある言語の音韻体系内において，同一の**音韻環境**（phonological environment）に生じる2つの異なる音声によって語全体の意味が変わるとき，その2つの音声は当該音韻体系内で音素として機能している．その場合は通常**スラッシュ**（slashes//）で囲む．(5)の場合は，[aki]という音連鎖の前で[k]と[t]を入れ替えることにより，前者は果物，後者は河川の一部となる．同様に，(6)でも，語全体の意味の違いは [mau] の後の音声に依存している．

しかしながら，音素自体は意味を担ってはいないのに対し，形態素はそれ自体が意味を担っている．したがって，上の (5a)，(5b)，(6a)，(6b) はすべて語であると同時にそれ自体が形態素と考えられる．

ただし，形態素は上述の (2)，(5)，(6) のようにそれだけで語として出現可能なものもあれば，(1a)「励ました」のいわゆる過去の助動詞「た」や (1b) 'encouraged' の過去形を表す 'd' のようにそれだけでは出現できないものもある．それらはそれぞれ次のように呼ばれる．

(7) 自由形態素（free morpheme）：それだけで語として出現可能な形態素
(8) 拘束形態素（bound morpheme）：それだけでは語として出現不可能な形態素

私たちが一般的に「語」あるいは「単語」と呼ぶものは (7) の自由形態素を指すことが多い．上述の区別は，国語学における「詞」と「辞」にほぼ対応する．また，特にいわゆる橋本文法に準拠した小・中・高等学校の国語における「学校文法」での「自立語」（それだけで文節を形成することができる語）と「付属語」（それだけでは文節を形成することができない語）とも類似するところがある．

1.2.2　語基，語幹，語根

英語では動詞 'encourage' などの原形（あるいは**辞書形**（citation form））はそれ自体で1つの自由形態素と考えられる．一方，日本語のたとえば「励ます」とい

った語は，学校文法では動詞の「終止形」として1つの自立語として考えられるが，通言語的観点から考えると，動詞の概念的意味を担う {hagemas} と非過去（[-past] あるいは nonpast）を表す {u} という2つの拘束形態素から成ると考えた方が適切である．このような場合，前者を**語幹**（stem）と呼ぶ．なお，学校文法でも動詞活用においては（「見る」「着る」という2音節の上一段活用動詞を除いて）「語幹」と「活用語尾」の区別はなされているが，その分節（区切り）は，たとえば「励ます」においては「励ま」が語幹で「す」が活用語尾というように，音素レベルではなく音節（およびそれを単位とする音節文字である仮名）レベルで行われている点が異なる．

さらに，ラテン語など，英語以上に動詞が**人称**（person）・**数**（number）によって変化する言語の場合，まず**語根**（root）と呼ばれる子音で終わる拘束形態素があり，それに動詞によって決まっている**母音**（theme vowel）が接続して語幹を形成，それに人称・数を示す活用語尾が接続する．

(9) ラテン語動詞の活用

形変化	活用の種類	第1活用	第2活用	第3活用	第4活用
意味		愛する	警告する	言う	聞く
語根 (root)		am	mon	dic	aud
語幹 (stem)		am-a	mon-ē	dic-ī	aud-ī
単数	1人称 ō	am-ō	mon-e-ō	dic-ō	aud-i-ō
単数	2人称 s	am-ā-s	mon-ē-s	dic-i-s	aud-ī-s
単数	3人称 t	am-a-t	mon-e-t	dic-i-t	aud-i-t
複数	1人称 mus	am-ā-mus	mon-ē-mus	dic-i-mus	aud-ī-mus
複数	2人称 tis	am-ā-tis	mon-ē-tis	dic-i-tis	aud-ī-tis
複数	3人称 (u)nt	am-a-nt	mon-e-nt	dic-unt	aud-i-unt

また，アラビア語では，語根は3つの子音から成り，それが母音と組み合わさっていくつかの binyan と呼ばれる**型**（template）に入ることにより，さまざまな語が形成される．たとえば，'ktb' という子音の組は「書くこと」に関する概念的意味を担う拘束形態素であり，それに母音が加わることによって以下のような語ができる．

(10) アラビア語の語彙

るが,「愛」「温度」といった語彙的な概念とは異なり,事象を言語で表現する際に文法的に必要な概念である.つまり,これらは文や語の文法的機能を明確にするための意味を担っている.これらはしばしば**文法的意味**(grammatical meaning)と言われ,「愛」「温度」などが持つ概念的意味あるいは**語彙的意味**(lexical meaning)と区別される.

　このように,概念的意味と文法的意味は直感的に異なるとはいえ,同一の意味を担うものは同一の形態素であると定義される.ところが,日本語,英語をはじめ多くの言語では,同一の意味を担う形態素が実際には異なった**音声的実現**(phonological realization)となることがある.上述の「た」および 'd' を例にとれば,次のようになる.

(12) a. 書く [kak-u]　　　b. 書いた [kai-ta]
(13) a. 嗅ぐ [kag-u]　　　b. 嗅いだ [kai-da]
(14) a. 話す [hanas-u]　　b. 話した [hanaʃi-ta]
(15) a. 勝つ [kats-u]　　　b. 勝った [kat-ta]
(16) a. 死ぬ [sin-u]　　　b. 死んだ [sin-da]
(17) a. 読む [yom-u]　　　b. 読んだ [yon-da]
(18) a. 入る [hair-u]　　　b. 入った [hait-ta]
(19) a. 思う [omo(w)-u]　b. 思った [omot-ta]
(20) a. 起きる [oki-ru]　　b. 起きた [oki-ta]
(21) a. 食べる [tabe-ru]　　b. 食べた [tabe-ta]

動詞の活用の種類によって,いわゆる過去の助動詞「た」{ta} は [ta] として実現される場合と [da] として実現される場合がある.しかしながら,日本語第一言語話者の直観からすれば,[ta] と発音されようが [da] と発音されようが,動詞の過去(あるいは完了)という文法的意味を担っていることには変わりはない.このような場合,[ta][da] は形態素 {TA} の**異形態**(allomorph)であると言われる.

　同様の状況は英語でも観察される.

(22) a. play [plei]　　　b. played [pleid]
(23) a. gig [gig]　　　b. gigged [gigd]
(24) a. kick [kik]　　　b. kicked [kikt]
(25) a. like [laik]　　　b. liked [laikt]
(26) a. aid [eid]　　　b. aided [eidid]

(27) a. engage [ɪngeidʒ]　　b. engaged [ɪngeidʒd]
(28) a. wait [weit]　　　　 b. waited [weitid]
(29) a. waste [weist]　　　 b. wasted [weistid]

つづりについては，もとの動詞のつづりに 'e' がある場合は 'd' のみ，ない場合は 'ed' を加えるが，これはあくまでも「つづり」のレベルの問題であり，実際の発音とは関係ない．実際の発音は [d] [t] [id] の3種類である．この場合も，どのような発音であれ，それぞれの動詞の過去形であるという点では同じである．このことから，[d] [t] [id] は形態素 {D} の異なる音声的実現，つまり異形態であるということができる．

形態素がさまざまな異形態を取ることは，上のような純粋に文法的意味を担う形態素に限ったことではない．たとえば，日本語には「枚」「杯」「本」などの**助数詞**（numeral classifier）がある．英語では不可算名詞（'paper'，'wine' などの物質名詞や 'furniture' などの集合名詞）の数を数詞で表すときのみ 'a(one) sheet of paper' 'two glasses of wine' 'three pieces of furniture' といったように語が加わって助数詞と似た機能を果たすが，可算名詞の場合には 'three books' のように数詞と名詞の複数形のみでかまわない．しかし，日本語の場合は，そもそも義務的な複数形というのがなく（「3名の学生」でも「3名の学生たち」でもかまわない），可算名詞，不可算名詞という区別はない代わりに，数詞には必ず助数詞が必要である（「*3の学生」は日本語としては不適格/非文法的）．それら助数詞が数詞と共に実現される際，助数詞によっては異形態を取ることがある．

(30)「杯」　a. 一杯 [ippai]　　b. 二杯 [nihai]　　c. 三杯 [sambai]
(31)「本」　a. 一本 [ippon]　　b. 二本 [nihon]　　c. 三本 [sambon]

同様に，日本語で言えば「不」あるいは「非」にあたる英語の拘束形態素 'in' はそれが付加される後続要素の語頭の音韻によってさまざまな音声的実現を持つ．

(32) a. tolerant　　b. intolerant
(33) a. correct　　 b. incorrect
(34) a. possible　　b. impossible
(35) a. balance　　 b. imbalance
(36) a. mortal　　　b. immortal
(37) a. legal　　　 b. illegal

(38) a. regular　　b. irregular

これらの異形態の分布はそれらが生じる音韻的環境によって決定される．それを派生する記述として「**形態音素規則**（morphophonemic rule）」がある．たとえば，上述の (32)〜(38) の {in} は次のような形態音素規則によって派生される．

(39)　{in} → [im]/＿＿[+labial]
　　　　　　[il]/＿＿[l]
　　　　　　[ir]/＿＿[r]

また，日本語の助数詞 {hai} については次の通りである．

(40)　{hai} → [pai]/[-voiced]＿＿
　　　　　　 [bai]/[san]＿＿

英語の過去形を表す形態素 {D} については以下のようになる．

(41)　{d} → [id]/[t]＿＿
　　　　　　[d]
　　　　　　[t]/[-voiced]＿＿
　　　　　　Else [d]

ただし，(39)(40) と (41) は規則の適用において大きく異なる点がある．つまり，前者はそれぞれの音環境がお互いに**相補的**（complementary）であるのに対し，後者では，[t] も [d] もそれぞれ [-voiced]（無声音），[+voiced]（有声音）（'Else' で指定される）の一要素である点で，最初の規則の音環境がより特定的（specific）なのである．したがって，前二者の場合は，どのような順番で規則を適用しても正しい出力が得られるが，後者の場合，たとえば {d} → [id]/[t]＿＿ より先に [t]/[-voiced]＿＿ を適用してしまうと，'waited'（(28b)），'wasted'（(29b)）が実際の [weitid]，[weistid] ではなく，*[weitt]，*[weistt] という誤った予測をしてしまうこととなる．

このような場合，単に規則に**外的順序**（extrinsic ordering）を設けるのは一般文法理論の観点からは好ましくない．しかし，Kiparsky (1973) 以来の提案に従い，規則はより特定的なものから適用されるという "Elswhere Principle" を想定すれば，単なる**規定**（stipulation）ではなく，より**動機づけられた**（motivated）ものとなる．この考え方は，後述する**分散形態論**（Distributed Morphology）にも受け継がれている．

さて，これらの形態音素規則の背後には，世界の多くの言語に共通してみられ

る**同化**（assimilation）と**異化**（dissimilation）という音韻現象がかかわっている．そもそも，人間言語の文法（音韻論，形態論，統語論）には，その形式や派生をなるべく単純にしようという**経済性**（economy）の原理が働いている．たとえば，現代日本語にみられるいわゆる「「ら」抜き」の現象は，言語表現等の**正しさ**（correctness）や**正統性**（authenticity），**標準**（standard）の維持を目的とする「**規範文法**（prescriptive grammar）」の立場からは「日本語の乱れ・堕落」と考えられることが多い．しかし，言語の実態を客観的に分析する**記述文法**（descriptive grammar）の観点からは，本来異なる2種類の動詞（国語学の活用の分類にしたがえば「五段活用」と「上一段・下一段活用」，あるいはアメリカ構造主義言語学のブロック（Bloch, B.）などの分析によれば語幹が子音で終わる「子音動詞」と母音で終わる「母音動詞」）を前者に一本化しようとする言語話者の無意識的な言語活動の産物であると考えられている．音声器官（口腔・鼻腔など）も，近接する音声の調音点・調音法が異なるよりは同じ，あるいは類似している方が発音時の負荷が低い．(39) においては，形態素 {in} の最後の音素 /n/ は音韻素性の指定が少ない（underspecified）音素であることから，後続する要素の語頭の音素で調音点等が指定されている場合，その素性を受け継ぐことによって同じ，あるいは近い音声として実現される．だから，両唇音 [p] [b] [m] が後続する場合はそれらが有する調音素性 [+labial] が前の形態素に影響を与え，[im] となる．これは生成音韻論では「**素性の拡大**（feature spread）」と呼ばれ，拡大の方向が音連鎖の進行方向とは逆であることから，**逆行同化**（regressive assimilation）と呼ばれる．一方，形態音素規則 (40) では先行する形態素の最後の音韻が後続する形態素の音韻的実現を決定することから，**順行同化**（progressive assimilation）と呼ばれる．

なお，(41) も影響の方向は順行的であるが，先行する音韻の有声性への同化に先立ち，歯茎閉鎖音 [t] [d] で終わる動詞の場合，過去形態素 {D} も同じ歯茎閉鎖音 [d] のため，同一あるいは類似した音韻との隣接を回避するために**挿入母音**（epenthetic vowel）[i] を含む形態が異形態として用いられる．これが異化である．異化は，「同一の要素は連続してはいけない．」という，より一般的な**義務的抑揚の原則**（obligatory contour principle）の一例として考えることもできる．

形態素（morpheme）と**異形態**（allomorph）の関係もまた，音韻論における**音素**（phoneme）と**異音**（allophone）と対比して考えると理解しやすい．心理的実

在としての音素も，実際には異なる音声的実現がなされることがある．たとえば英語の音素 /p/ は語頭（および強勢音節の音節頭）では帯気音 [pʰ]，語中では帯気のない [p]，語末では外破のない [p⁻] となる（「#」は**語境界**（word boundary）を示す）．

(42)　/p/ →　[pʰ] / #___
　　　　　　[p⁻] / [___#
　　　　Else [p]

これらからもわかるように，形態論における形態素と異形態の関係は，音韻論における音素と異音の関係と並行的なのである．

1.3　語　形　成

語形成（word formation）とは，2つ以上の形態素を組み合わせて新たな語を作り出すことをいう．

語形成には大別して，次の3つがある．

(43)　a. 派生
　　　b. 屈折
　　　c. 複合

(43a) は自由形態素と拘束形態素，あるいは拘束形態素同士が組み合わさって新たな1語が作り出される過程である．(43b) は，主に動詞，名詞，形容詞に時制，数，程度などを表す拘束形態素が付加して**活用**（conjugation）あるいは**語形変化**（declension）を生じさせる過程である．(43c) は自由形態素同士が組み合わさって1つの概念的意味を持つ表現が形成される過程で，英語ではスペースなしで1語として表記されることもあれば，スペースを伴って2語として表記されることもある．

1.3.1　派　生

派生（derivation）とは，形態素に別の拘束形態素が付加して，あるいは一部が省略されるなどして別の語が作り出される過程を指す．下位分類としては**接辞付加**（affixation），**転換**（conversion），**短縮**（clipping），**混成**（blending），**逆成**（back formation）がある．第3章で詳しく見るが，概括すると以下の通りである．

1.3 語形成

まず，多くの言語において最も生産的な接辞付加についてみてみる．接辞付加の場合，元となる形態素は，自由形態素（語）の場合 (44) もあれば，それ自体では発音できない拘束形態素の場合 (45) もある．

(44) a. happy → unhappy
　　 b. encourage → encouragement

(45) a. -ceive → conceive, perceive, receive
　　 b. -duce → induce, produce, seduce
　　 c. -clude → exclude, include, seclude

'un', 'ment', 'con', 'per', 're', 'in', 'pro', 'se' など，これら付加する拘束形態素は一般的に**接辞**（affix）と呼ばれる．世界の言語においては，接辞には次の3種類がある．これらは付加する自由形態素のどの位置に付加するかによって区別される．

(46) a. **接頭辞**（prefix）：語頭につく
　　 b. **接中辞**（infix）：語中につく
　　 c. **接尾辞**（suffix）：語末につく

日本語には (46b) は存在しない．また，英語においても，若者言葉（pro-bull-shit-fessor など）あるいは言葉遊び（Pig Latin など）を除いてはやはり存在しない．

派生接辞はそれ自体が独自の概念的意味を有するもの（前出の 'in' や 'un'「不」「非」など）と，それ自体は概念的意味を持たないが，付加する自由形態素の**範疇**（category）（**品詞**（part of speech））を変えるものに大別される．たとえば，(47) は範疇は変わらないが，意味が変わる．

(47) a. happy → unhappy
　　 b. 幸せ → 不幸せ

一方，(48) では，中心となる概念的な意味は変わらないが，範疇が変わる．

(48) a. encourage → encouragement
　　 b. recognize → recognition

ただし，一部の接辞は範疇・意味の双方に変化をもたらす．

(49) a. hard → harden
　　 b. national → nationalize

転換とは，ある自由形態素（語）が接辞付加なしで異なる範疇の語としても用いられることをいう．これは，日本語，フランス語，ドイツ語などにはほとんど

見られず，英語において顕著な現象である．以下はその一例である．

(50) a. clear (A) → clear (V)
b. water (N) → water (V)
c. play (V) → play (N)
d. up (P) → up (V)

なお，転換については，**音韻的に空**（phonologically-null）の**ゼロ形態素**（zero morpheme）を仮定することによって**ゼロ派生**（zero derivation）という派生の一種と考える研究者もいる．

短縮は長い語（通常3音節以上）を短くする語形成で，以下のようなものがある．

(51) a. ad < advertisement
b. fax < facsimile
c. phone < telephone
d. Chris < Christopher, Christie, Christine
e. Beth < Elizabeth

(52) a. ハヤシ < ハヤシライス
b. リビング < リビングルーム
c. たか < たかし，たかこ，たかえ　　など
d. やま < やまざき，やまだ，やまね　　など

英語は語頭，語末を残す短縮があるのに対し，日本語はほとんど語頭を残す．また，日本語は音節の種類が少ないことから，和語，漢語の短縮は固有名詞以外ではあまり見られない．

混成とは以下のような例で，短縮と同様，英語・日本語ともに非公式な場面で用いられることが多い．

(53) a. brunch < breakfast + lunch
b. smog < smoke + fog
c. UMass. < University of Massachusetts

(54) a. パソコン < パーソナルコンピュータ
b. コピペ < コピーアンドペースト
c. まぐ茶 < まぐろ茶づけ
d. 終電 < 最終電車

これらは短縮された2語が複合されたものである．漢語複合語からの混成も大変

多い．

　生産性の高い接辞付加の場合，語基に接辞を付加するわけであるから，その結果派生される語は当然もとの形態素や語より長い．しかし，逆成は，歴史的にもともとある語の一部を生産的な接辞との類推から省略することにより，異なる品詞の語を作り出す過程である．そのため，もとの語より派生された語の方が短いという特徴を持つ．

　(55) a. fog < foggy　　b. beg < beggar　　c. brainwash < brainwashing

1.3.2 屈　折

　屈折（inflection）とは，ある自由形態素（語）に**時制**（tense）・**相**（aspect）・**性**（gender）・**数**（number）・**格**（case）・**人称**（person）といった文法的意味を担う拘束形態素が接続することによって，当該の自由形態素が文の中で適格な形態に変化する過程をいう．屈折は派生と異なり，決して当該形態素の範疇を変えることはない．

　(56) a. play → plays, played, playing（現在分詞（present participle））
　　　 b. book → books
　　　 c. happy → happier, happiest

　ただし，屈折は，(56a) の三人称単数現在の {S}，過去形の {D}，あるいは (56b) の複数形の {S} のように，規則動詞あるいは規則名詞には一様に適用されるものもある一方で，(57) のような不規則動詞や (58) などの不規則名詞の場合は，**母音交替**（ablaut；名詞の場合は umlaut という語が用いられることが多い）あるいは**補充**（suppletion）により屈折が実現される．

　(57) a. drink → drank, drunk
　　　 b. go → went, gone
　(58) a. woman → women
　　　 b. ox → oxen

　(57a)，(58a) は母音交替，(57b)，(58b) は補充の例である．これらは英語史の観点からは，英語が本来**インド・ヨーロッパ語族**（Indo-European Language Family）の**ゲルマン語派**（Germanic Language Group）に属することと深い関係がある．外面史的には，北欧〜ドイツ北西部のゲルマン民族の一部（アングル族，サクソン族など）が5世紀末にブリテン島に移住，**古英語**（Old English）が確立し

た．その後，8世紀頃には北欧のデーン人の侵入により，**古ノルド語**（Old Norse）の影響も受けた．そして，1066年の**ノルマンディー公ウィリアム**（William, Duke of Normandy）による**ノルマン人の征服**（Norman Conquest）により，彼が**ウィリアムⅠ世／ウィリアム征服王**（William Ⅰ／William the Conqueror）としてイギリスを統治することとなった．それ以降，フランス人による政治が行われ，政治・法律・教会といった側面において，**ロマンス語派**（Romance Language Group）に属するフランス語の語彙が多く流入した．その結果，支配階級である王室および貴族はフランス語を使用するのに対し，被支配階級で農業・牧畜などに従事する先住民族であるアングロサクソン人は従来から使用していた英語を使用するという二重言語状況が生じた．この時期を境に**中英語**（Middle English）が形成され始める．

そもそも，古英語には**強変化動詞**（strong verbs）と**弱変化動詞**（weak verbs）と呼ばれる二種類の動詞活用があり，前者が上述の母音交替による不規則動詞活用，後者が規則動詞活用の源である．そして，強変化動詞の多くには英語が属するゲルマン諸語の動詞との共通性がみられる．たとえば，(57a)の母音交替は対応する現代ドイツ語のそれとほぼ一致する．

(59) trinken → trank, getrunken

一方，(57b)の補充の例は，goの起源である古英語のgānの活用の中に，過去形のみ中英語のwendeが入り込んでしまった結果である．

(58b)では[en]が複数を表すが，これは英語の規則的な複数形態素{S}の音韻的実現である[s]，[z]，[iz]とは語源的にも音韻的にも関係なく，別な形態が補充している例である．

読者の多くは英語学習を開始してほどなく動詞変化（現在形・過去形・過去分詞形）を学ぶ際に，基本的な動詞の多くが不規則動詞であることに気づいたのではないだろうか．通常の学習では，まず規則的なものを最初に学習し，それから不規則なものを加えていく方が学習効果的には効率的であると思われるにもかかわらず，そのような方法が不可能なのは，上述の英語の外面史から，被支配階級が使用し続けた基本的動詞ほどゲルマン系の語彙であるのに対し，支配階級が用いる政治・経済・文化などの高度で洗練された場面で用いられる語彙はフランス語系であったという事実による．そのため，同じ概念的意味を持つものでも，ゲルマン語系の語とフランス語系の語では**言語使用域**（register）が異なることが多

1.3 語形成

く，(59)，(60)ではそれぞれaの方がより日常的で平易な場面で用いられるのに対し，bの方は公的な場面で用いられる傾向が強い．

(59) a. buy　　bought　　bought　　（ゲルマン語系　不規則動詞）
　　 b. purchase　　　　　　　　　（ロマンス語系　規則動詞）
(60) a. eat　　ate　　eaten　　　　（ゲルマン語系　不規則動詞）
　　 b. consume　　　　　　　　　（ロマンス語系　規則動詞）

たとえば，「パンを買う」ということは "purchase bread" というよりは "buy bread" の方が文脈的に適格で自然である．一方，「家/マンション/車/航空券を買う」際には "buy a house/condo(minium)/car/airline ticket" も可能であるが，役所の手続きや契約書・約款といった公的な場面では "purchase" の方が適切なことが多い．同様に，概念的意味として「食物等を体内に取り込む」ことを表す際にも，「朝食を取る」場合や「りんごを食べる」のようにその食物の対象がはっきりしている場合は "??consume breakfast/an apple" はかなり容認度が低く，"eat breakfast/an apple" の方が好まれるのに対し，科学的文脈や新聞・ニュースなどで「タンパク質/アルコールを取る」という場合は "consume protein/alcohol" が適格で，"eat protein" はやや容認度が下がり，"drink alcohol" となると，物質名詞としてのアルコールではなく，「酒類」という解釈となる．

　(59a)，(60a)のような不規則動詞は，become, undergo, withstand のような複合動詞を除けば圧倒的に1音節（monosyllable）の動詞である．そのことと上述の言語使用域の違いから，**第二言語**（second language）あるいは**外国語**（foreign language）として英語を学習する学習者にとってはもちろんのこと，英語を第一言語（first language）として習得するいわゆる英語母語話者（native speakers of English）にとっても(59b)，(60b)は(59a)，(60a)に比して相対的に遅く習得される．そのため，英語第一言語話者でも(59b)，(60b)のような語のことをしばしば "big words" と呼ぶ．また，**第二言語/外国語習得**（second/foreign language acquisition）において観察される，不規則動詞を規則動詞の変化にあてはめて誤用する**過剰一般化**（overregularization）も，**第一言語習得**（first language acquisition）においても同様に観察される．

　ちなみに，類似した語彙的分布は日本語の語種の中の**和語**（native Japanese vocabulary）と**漢語**（Sino-Japanese vocabulary）にもみられる．したがって，それらの対応は(61)に示される通りである．

(61) a. 買う（和語）　b. 購入する（漢語）
　　 b. 食べる（和語）　b. 摂取する（漢語）

1.3.3　派生と屈折の関係

派生と屈折を比較すると以下のような相違がみられる．
(62) 派生と屈折の相違

	派生	屈折
① 接辞の意味	概念的意味または文法的意味	文法的意味のみ
② 付加する語の範疇	変えることもある	変えない
③ 付加する語の音韻	変えることもある	変えないことが多い
④ 適用	生産性の高いものと低いものがある	規則的なものについては一様に生産的
⑤ 語に対する相対的位置	語に近い（内側）	語から遠い（外側）
⑥ 意味の特定性	あり	なし

①②については，1.3.1項および1.3.2項で述べた通りである．

③④については，たとえば，英語において，形容詞に付加して名詞を派生する接尾辞では以下のような相違がみられる．

(63) -ity：原則としてラテン語系の形容詞の一部に付加
　　　　当該形容詞の二重母音は短母音化
　　　　2音節以上の場合は -ity の1つ前の音節に強勢
　　a. pure [pjúər] → purity [pjúərəti]
　　b. sane [séin] → sanity [sǽnəti]
　　c. vain [véin] → vanity [vǽnəti]
　　d. prosperous [práspərəs] → prosperity [praspérəti]
　　e. profane [prəféin] → profanity [prəfǽnəti]
　　f. superior [səpíəriər] → superiority [səpìəriórəti]
(64) -ness：-ity が付加する形容詞以外の形容詞に付加
　　　　音韻変化を引き起こさない
　　a. happy → happiness
　　b. rigorous → rigorousness
　　c. conscious → consciousness

そして，(63) -ity が付加する形容詞より (64) -ness が付加する形容詞の方が多い

ことから，後者の方が生産性が高いといえる．音韻変化を引き起こす接辞は**クラスⅠ接辞**（Class Ⅰ affix），引き起こさない接辞は**クラスⅡ接辞**（Class Ⅱ affix）として区別され，様々な一般化に用いられる．

一方，形容詞の比較級，最上級を作る屈折接辞 -er, -est は，原則として2音節以下の形容詞には一様に付加し，母音や強勢位置の変化を生じさせることはない．

日本語においても，形容詞を名詞化する派生接辞に「さ」と「み」がある．しかし，前者は形容詞のみならず，いわゆる「形容動詞」や複合形容詞にも付加し，意味もその形容詞あるいは形容動詞の「程度」を表すという点で全体の意味が部分の意味の**合成**（amalgamation）によって決定されることから，**透明である**（transparent）．それに対し，後者は形容動詞や複合形容詞には付加しない．また，付加可能な形容詞も限られている．**次元形容詞**（dimensional adjective）の場合は直感的に「肯定的評価」を持つ極の形容詞にのみ付加可能である．また，意味も「程度」ではなく，抽象的あるいは精神的価値を示したり，その形容詞が描写する属性を有する物理的・具体的な場所を示したりするなど，意味が部分の合成からは計算できず，**不透明**（opaque）であることが多い．

(65) a. 深い → 深さ　深み
　　 b. 深遠である → 深遠さ　*深遠み
　　 c. のどかである → のどかさ　*のどかみ
　　 d. ディープである → ディープさ　*ディープみ

(66) a. 奥深い → 奥深さ　*奥深み
　　 b. 気貴い → 気貴さ　*気貴み

(67) a. 深い → 深さ　*深み
　　 b. 浅い → 浅さ　*浅み

(68) a. 高い → 高さ　高み
　　 b. 低い → 低さ　*低み

(69) a. この湖の深さ／*深みは20mである．
　　 b. 彼女の言葉には*深さ／深みがある．
　　 c. 子供が池の*深さ／深みにはまった．

(70) a. 富士山の高さ／*高みは3776mである．
　　 b. 彼女は神の*高さ／高みに上り詰めた．
　　 c. 山の*高さ／高みからは町が一望できる．

⑤の語に対する相対的位置については，以下の例を見れば一目瞭然である．

(71) a. play-er-s　　b. *play-s-er
　　 b. real-ize-d　　b. *real-ed-ize

⑥については 1.4.2 項の**派生名詞**（derived nominal）と**動名詞**（gerund）で概説する．なお，次節でみる複合語と句の間にも同様の相違がみられる．

このような相違から，文法の内部においても，派生と屈折が行われる部門や，そのメカニズムは異なるという種々の提案や分析がなされてきている．それについては，1.4 節で概説する．

1.3.4　複　合

複合語（compound）とは，2つ（以上）の自由形態素が連なって特定の意味を持つものを指す．たとえば，以下の例において，a. は統語的な**句**（phrase）であるのに対し，b. は複合語である．

(72) a. a green house 緑の家
　　 b. a greenhouse 温室
(73) a. the white house その白い家
　　 b. the White House アメリカ大統領公邸（ホワイトハウス）

これらは，音韻的にも異なる．Chomsky and Halle（1968）以来分析されているように，a. は**核強勢規則**（nuclear stress rule）の適用を受けるため，句の最後の語である house に強勢が置かれるのに対し，b. では**複合語強勢規則**（compound stress rule）が適用され，最初の要素である green, White に強勢が置かれる．

英語の場合，統語論のレベル（句あるいは文）では，可算名詞は原形で現れることはなく，冠詞（不定冠詞 a あるいは定冠詞 the）を伴って現れる．無冠詞の場合は (74c) のような非指示的な構文の場合を除いては複数形となる．

(74) a. Mary is the captain/ *captain.
　　 b. They are captains/ *captain.
　　 c. They elected Mary captain.

したがって，動詞句では目的語は冠詞を伴う名詞句あるいは複数形の名詞句でなくてはならない (75a)．しかしながら，(75a) に対応する**動詞由来複合語**（verbal compound）の場合は，冠詞はいうまでもなく，複数形も不可能である (75b)．

(75) a. They hunt a fox/the fox/foxes.
　　 b. fox/ *foxes hunting

1.3 語形成

ただし，一部の不規則名詞の場合は，複数形が複合語内部に生じることもある．

(76) teethmarks/*toothmarks

日本語においても，句と複合語は以下のように異なる．

(77) a. 花を見る　　　花：どの花でもよい
　　 b. 花見　　　　　花：一般的には桜を指す

さらに，同じ複合語でも，意味の特定化の程度が異なる場合がある．

(78) a. きつね狩り　　きつねを狩る行為
　　 b. 紅葉狩　　　　紅葉を鑑賞する行為

第3章でも詳説するように，複合語形成については，次の2つの提案がなされてきた．1つは，Roeper and Siegel (1978) の「**第一姉妹の原則** (first sister principle)」，Selkirk (1982) の「**第一投射の原則** (first projection principle)」といった一連の提案で，動詞（および形容詞）由来複合語において，複合語形成に参与できるのは，その動詞（あるいは形容詞）が統語論において第一姉妹，あるいは第一投射として選択する要素のみであるというものである．したがって，日本語・英語において，(79a), (80a) の文に対応する複合語 (79b)(80b) は「きつねを狩る行為」という解釈しかなく，逆に (79c)(80c) は (79a)(80a) の主語の貴族を編入した複合語という解釈はできないのである．

(79) a. aristocrats hunt foxes.
　　 b. fox hunting =（誰かが）きつねを狩る行為
　　 c. aristocrat hunting ≠ 貴族が（誰か/何かを）狩る行為
　　　　　　　　　　　　 =（誰かが）貴族を狩る行為

(80) a. 貴族がきつねを狩る．
　　 b. きつね狩り
　　 c. 貴族狩り

具体的には，(79a)(80a) の句構造の時制等を除いた部分が以下のようになっていると考えれば容易に説明される．

(81)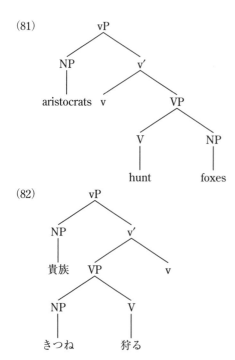

(82)

　もう1つの提案はWilliams (1981) による「**右側主要部の規則** (righthand-head rule)」である．これは複合語の意味的・統語的主要部は右側の形態素であると規定したものでる．以下に見るように，日本語・英語において，複合語の構成要素を規定する意味的・統語的な核は右側に来ている．

(83) a. 携帯電話　　b. 根強い　　c. 山登り
(84) a. mobile phone　b. self-conscious　c. mountain climbing

　しかし，これには**シナ・チベット語族**(Sino-Tibetan Language Family)の言語（中国語，ベトナム語など）および日本語の漢語の動詞由来複合語など例外も多い．

(85) a. 登山　　b. 読書　　c. 育児

このことはSelkirk (1982) にも指摘されている．

　なお，上述の第一姉妹の原則の一見例外と思われる複合語に，英語のいわゆる**語根複合語**（root compound），およびそれらにほぼ対応する日本語（和語・漢語）の以下のような動詞由来複合語がある．

(86) a. sunshine　b. rainfall　c. snowfall　d. landslide　e. earthquake

(87) a. 日照り　b. 雨降り　c.（非対応）　d. 地滑り　e.（非対応）
(88) a. 日照　　b. 降雨　　c. 降雪　　　d.（非対応）　e. 地震

これらは，sun/日，rain/雨，snow/雪，land/earth/地を主語と考え，それらが上述の句構造における Aristocrats/ 貴族と同位置にあると考えれば，確かに例外であり，第一姉妹の原則の反例と考えられる．しかしながら，(86)〜(88) は次の 2 点において上の例と異なる．第一に，英語に関しては，他動詞を要素とする動詞由来複合語はすべて -ing が付加され，動名詞となっているのに対し，(86) はその名が示す通り語根のままで，-ing は付加されない．第二に，(86)〜(88) が示す意味内容はすべて自然現象であり，上述のように主語に意思や意図のある行為ではない．

1980 年代半ばより Burzio (1986)，Belletti and Rizzi (1986)，Baker (1988) をはじめとする一連の研究による理論および経験的証拠を通して，いわゆる**非対格性の仮説**（unaccusativity hypothesis）が提案された．その概要は，**他動詞**（transitive verb）や**非能格動詞**（unergative verb）における，動作あるいは行為について意思・意図を持つ主語は**動作主**（agent）として上のような構造上の位置において生成されるのに対し，意思・意図を持たない主語は実は他動詞の目的語と同様，**対象**（theme）の意味役割を担っており，そのような**非対格動詞**（unaccusative verb）の目的語位置に生成されるというものである．その仮説に基づけば，(86)〜(88) の複合語の名詞要素は主語位置ではなく目的語位置に生成されることとなり，第一姉妹の原則に合致することとなる．

具体的には，以下のような句構造を仮定することによって説明可能となる．

(89)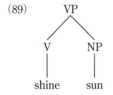

1.4 形態論と他の部門との関係

1.4.1 アメリカ構造主義における IA モデルと IP モデル

1950 年代のアメリカ構造主義言語学における**屈折形態論**（inflectional morphology) には次のような2つの異なる理論的立場があった．1つは Item-and-Arrangement Model（IA モデル）と呼ばれるもので，もう1つは Item-and-Process Model（IP モデル）である．両者の違いは，1.3.2 項で挙げた played のような語の屈折の実現に際し，{D} のような屈折形態素を**語彙項目**（lexical item）として認めるか否かにある．いずれの立場においても，認知的意味を有する要素が**辞書**（lexicon）に語彙項目として存在し，その音韻・意味・統語情報がリストされていると仮定する点においては変わりはない（そのため，そのような形態素はしばしば**語彙素**（lexeme）と呼ばれ，派生/屈折形態素(拘束形態素)を指す狭義の「形態素」と区別する立場もある（ビアード（Beard, R）など））．一方，屈折形態素については，IA モデルはそれらもやはり語彙項目として辞書に登録されていると考えるのに対し，IP モデルではそれらは語彙項目ではなく語形成規則の**過程**（process）において記述されるものであると考える．したがって，played は IA モデルでは (90) のように記述される一方，IP モデルでは (91) のように考えられる．

(90)　　{play} + {D} → played
(91)　　{play} → played
　　　　　　[+past] [d]

この2つの考え方はそれぞれに長所と短所がある．まず，IA モデルは，{D} のようないわゆる「**文法的形式素**（grammatical formative）」も「意味を担う最小単位」としての形態素の定義に基づいて統一的に捉えられるという点でアメリカ構造主義言語学の基本的発想である，「小さな部分から大きな部分へ」という分析の概念に合致している．しかし，一方で，{D} が [id] [t] [d] と実現される事実は形態音素規則で記述できるものの，さまざまな不規則動詞（wrote, ate, knew, put など）については異なる記述方法が必要となる．

これに対し，IP モデルでは，すべての形態は「過去」を表す音韻規則の過程におけるいわば「**副産物**（by-product）」として考えられるため，IA モデルのように不規則動詞の記述に関する不都合は生じない．ただし，そうすると，「過去」という意味を表す形態素は存在しないという帰結となる．また，**母音変化**（umlaut）による不規則動詞は記述できても，**補充形**（suppletive form）について記述が困難になるという問題点が指摘されている．

なお，IA モデルと IP モデルは，生成文法理論の進展と精緻化に伴い，その基本的発想（の一部）が 1990 年代にそれぞれ分散形態論と非形態素形態論に継承さ

れているとみることも可能である．それについては，1.4.3 項で触れることとする．

1.4.2 生成文法における語彙論者仮説

1950 年代後半以降，チョムスキー（Chomsky, N.）によって提唱された生成文法の**標準理論**（Standard Theory）の枠組み以来，語彙部門は当該言語の第一言語話者の心的辞書であり，個々の語彙項目の音韻・統語・意味情報が記載されている．そして，伝達したい命題内容に即して**語彙項目**（vocaburary item）が選択され，統語部門の書き換えとして語彙が導入される．

1960 年代半ばにレイコフ（Lakoff, G.），マコーレー（McCawley, J.）などによって提唱された「**生成意味論**（generative semantics）の立場は，「変形」を語彙にも適用することによって，語彙項目同士の関係をとらえると共に辞書自体を小さくした．たとえば，(92) の各語はすべて右のような「**意味素**（semantic primitive）」から成ると考えられた．

(92) a. alive = ALIVE
　　 b. dead = NOT ALIVE
　　 c. die = BECOME NOT ALIVE
　　 d. kill = CAUSE BECOME NOT ALIVE

しかしながら，この分析は Fodor (1970) をはじめ多くの研究者によってその問題点を指摘された．また，生成意味論の立場では派生も統語部門で行われることとなるが，これについては，Chomsky (1970) が派生名詞と動名詞の相違を論じ，派生は語彙部門で行われると主張した．これがいわゆる**語彙論者仮説**（lexicalist hypothesis）とよばれるものである．たとえば，以下の各組の語は次のような相違がある．

(93) a. marriage　　b. marrying
(94) a. destruction　b. destroying

まず，形態面では，動名詞に付加する -ing はどの動詞にも一様に付加するのに対し，派生接尾辞は -age, -tion, -ment, -al など動詞によって異なったり，転換であったりする．

(95) a. creation　　b. movement　　c. arrival　　d. play

また，統語的にも，動名詞はその目的語を直接取る（目的語に格を与える/格を認可する）ことができる (97) が，派生名詞になるとその能力を失い (96b)，目

的語の前にはofが必要となる (96a).

(96) a. the enemy's destruction of the city
b. *the enemy's destruction the city

(97) the enemy's destroying the city

最後に，意味の面でも，派生名詞の意味は元となる動詞の結果や事物を指すことができるのに対し，動名詞はあくまでも行為の意味しかない．

(98) a. examination
検査（すること），試験（すること）
b. examining
検査すること，試験すること

このようなことから，語の変化についても，派生は語彙部門で行われるのに対し，屈折は統語部門で行われるという考え方が主流を占めてきた．

1.4.3 分散形態論と非形態素形態論

1990年代に入り，生成文法理論の統語論が**極小主義プログラム**（minimalist program）となるのと同時に，Halle and Marantz (1993) などが**分散形態論**（Distributed Morphology）という考え方を提唱した．これは，1.4.1項で概説したIAモデルの発想と同じく，いわゆる語彙素だけでなく，文法的機能を担う形態素も合わせて語彙項目として扱い，統語論で派生された構造の**終端記号列**（terminal strings）に表示された意味素性に合致するものを**語彙挿入**（vocabulary insertion）することによって，最終的に発音可能な文となるという考え方である．IAモデルで問題となる不規則動詞などの異形態については，1.2.3で述べた"Elsewhere Principle"を援用することによって解決する．また，終端記号列の素性の間には**結合**（merger），**融合**（fusion），**分裂**（fission）などの操作が適用されることがあり，このような操作が語彙の変異や言語間の変異を生み出すと考える．分散形態論はさらに発展して，現在では**語根**（root）は基本的に範疇のレベルを持たず，統語論の中で範疇が決定されていくという考え方となっている．このようなことから，現在では，形態論という独立した文法の部門はないという立場もある．詳細については第4章を参照されたい．

一方，Anderson (1992) をはじめとして，IPモデルの系統を汲む**非形態素的**（a-morphous）アプローチも提案された．具体的には，辞書には語彙素のみが記

載されており，文法的機能を担う要素はすべて音韻的副産物とするものである．
このように，文法における形態論の位置づけについては，統語論の細部の変遷に伴い，さまざまな立場がある．

より深く勉強したい人のために

- Ackema, Peter and Ad Neelemman (2004) *Beyond Morphology: Interface Conditions on Word Formation*, Oxford: Oxford University Press.
  1.4 節で概説した語彙論者の仮説や分散形態論の考え方を取り入れたハイブリッドなアプローチを提案している．
- Booij, Geert (2012) *The Grammar of Words: An Introduction to Linguistic Morphology*. Oxford: Oxford University Press.
  形態論のさまざまなトピックを幅広く扱い，言語処理や言語変化についても論じている．
- Nagano, Akiko (2008) *Conversion and Back-Formation in English: Toward a Theory of Morpheme-Based Morphology*. Tokyo: Kaitakusha.
  1.3.1 項で触れた変換および逆成について詳細に分析，新たなアプローチを提案する研究書である．
- Siddiqi, Daniel (2009) *Syntax within the Word: Economy, Allomorphy and Argument Selection in Distributed Morphology*. Amsterdam: John Benjamins.
  1.4.3 項で紹介した分散形態論に基づき，母音交替や補充といった形態論で論じられてきたトピックや，統語論におけるさまざまな制約を説明する試みである．
- Spencer, Andrew and Arnold Zwicky (eds.) (2001) *Handbook of Morphology*, London: Blackwell.
  本章で扱ったさまざまなトピックを豊富なデータでより深く解説している．

演習問題

1. 英語の複数形を表す形態素 {S} はどのような異形態を持つか，考えなさい．
   そして，それらの異形態はどのような音韻的環境によって決定されるか，形態音素規則を書きなさい．
2. 1.1 節の (12)〜(21) を参照しながら，日本語の動詞の過去形の異形態はどのような過程を経て実現されるか考えなさい．
3. 英語の転換の他の例をさがし，どのような特徴が見られるか考察しなさい．
4. 'sunshine'「日照り」「日照」，'rainfall'「雨降り」「降雨」は複合語形成の観点からど

のような点で興味深いか，論じなさい．また，同様の例を探しなさい．
5. 派生名詞 examination と動名詞 examining の異同について論じなさい．

文 献

Anderson, Stephan R. (1992) *A-morphous Morphology*, Cambridge University Press.
Baker, Mark (1988) *Incorporation: A Theory of Grammatical Function Changing*, Chicago: University of Chicago Press.
Belletti, Adriana and Luigi Rizzi (1988) "Psych-verbs and θ-theory" *Natural Language and Linguistic Theory* 6: 291-352.
Burzio, Luigi (1986) *Italian Syntax: a Government-binding Approach*, Dordrecht: Reidel.
Fodor, Jerry (1970) "Three Reasons for Not Deriving 'Kill' from 'Cause to Die.'" *Linguistic Inquiry*, 1: 429-438.
Chomsky, Noam (1970) "Remarks on Nominalization," in Jacobs, R. and P. Rosenbaum (eds.), *Readings in English Transformational Grammar*, Waltham, MA: Ginn, 184-221.
Chomsky, Noam and Morris Halle (1968) *The Sound Pattern of English*, Harper and Row, New York.
Halle, Morris and Alec Marantz (1993) "Distributed Morphology and the Pieces of Inflection." in K. Hale and S. J. Keyser (eds.), *The View from Building 20*, Cambridge, MA: MIT Press, 111-176.
Kiparsky, Paul (1973) "'Elsewhere' in Phonology." in S. Anderson and P. Kiparsky (eds.), *A Festschrift for Morris Halle*, Holt, Rinehart and Winston, New York: 93-106.
Roeper, Thomas and Muffy Siegel (1978) "A Lexical Transformation for Verbal Compounds" *Linguistic Inquiry* 9, 199-260.
Selkirk, Elizabeth (1982) *The Syntax of Words*. Cambridge, MA: MIT Press.
Williams, Edwin (1981) "On the Notions 'Lexically-related' and 'the Head of a Word'." *Linguistic Inquiry* 12: 245-230.

第2章 語彙部門

岸本秀樹

2.1 語彙部門と語彙の一般的特性

　現在の文法理論（生成文法およびそこから派生してきたいくつかの文法理論）においては，音韻・意味・統語などに関連するいくつかの独立した文法の**モジュール**（module）が設定され，その中に**語彙部門**（lexical component）と**統語部門**（syntactic component）と呼ばれる部門が設定されている．統語部門は，語より上位のレベルにある**句**（phrase）や**文**（sentence）を扱う（つまり，句や文がどのように作られるかを扱う）部門である．これに対して，語彙部門は，母語話者が頭の中に持っている**レキシコン**（lexicon）（「**辞書**」あるいは，**メンタル・レキシコン／心的辞書**（mental lexicon）とも呼ばれる）に登録されている**語**（word）（あるいは**語彙項目**（lexical item）や**語形成**（word formation）を扱う部門である．

(1) <u>語彙部門（レキシコン）</u>　　<u>統語部門</u>

　　　| 語 |　⇒　| 句／文 |

語彙部門と統語部門がお互いにどのような関係をもって機能するのかについては，どのような枠組みを念頭に置くかによって変わってくる．しかし，語が登録されているレキシコンから統語部門（の操作）に必要な要素が供給されるということ，および，一般に，語彙部門で適用される規則（語形成の規則）は，統語部門で働く規則よりも先に適用されると考えられるために，通常(1)のような，語彙部門から統語部門へという文法の派生の流れが仮定される．文法のモジュールは（関連するものの）独自の構成単位であり，語彙部門と統語部門においては基本的に別個の規則が働くと考えられる．

　語彙部門で扱われる語は，基本的に統語上でそれ以上分割できない単位をなす．語（語彙項目）は原則的にレキシコンに登録されているもので，新しい語が必ずしも自由に作れるわけではない．これに対して，統語部門で作られるもの（語と

語が組み合わされてできる句や文)は,文法規則に従っている限り,基本的に自由に作り出すことができる.そのために,私たちはいままで聞いたことのない文を作り出すことができ,また,それを理解することができる.語に関しては,現実には存在しないものがあり,それがいわゆる**語彙的な空所**(＝ギャップ)(lexical gap)を形成する.これは,その性質によって,**体系的な空所**(systematic gap)と**偶発的な空所**(accidental gap)に分けられる.前者は,体系的に存在し得ない語彙の空所で,後者は理論上存在してもかまわないはずであるが,たまたま存在しない語彙の空所である.この違いを具体的に見るには,自然言語においてしばしば観察される**音素配列の制約**(phonotactic constraint)と呼ばれる音の並びに関する規則と絡めて考えるとわかりやすいであろう.英語では,たとえば,sprで始まる音素配列は可能でも,sptは可能でない.したがって,英語ではspringという語は存在しても*sptingという語は音素配列の規則上存在し得ない.これに対して,*sprinctという語は存在しないが,音素配列としては可能な偶発的な空所を形成しているので,将来,意味のある語として登録されるかもしれない.音素配列によって排除される語彙は,その言語には体系的に存在し得なくても,他の言語では可能な場合がある.これは,たとえば,springを外来語として日本語の語彙に取り入れる場合,英語のような子音の連続が許されないため,「ス-プ-リ-ン-グ(su-pu-ri-n-gu)」のように母音が子音連続の間に挿入された音素配列を持つことになることからもわかる.

　統語部門と語彙部門で扱われる規則の性質の違いから,文法によって許されるものの判断の基準が異なってくる.特に,文のレベル(統語部門)での判断としては,(時に中間的な度合いを設定することもあるが)「**文法的である**(grammatical)/**非文法的である**(ungrammatical)」,あるいは,「**容認可能である**(acceptable)/**容認不可能である**(unacceptable)」という,二分法に基づく判断をすることになる.これに対して,語彙部門における語彙項目に関する議論をする場合,「**実在する**(existent)/**実在しないが可能である**(non-existent but possible)/**不可能である**(impossible)」という三分法によって判断する必要が出てくる.ただし,**生産性**(productivity)が特に高いと考えられる規則を扱う場合は,語彙部門で扱われる語彙であっても,統語部門で観察されるような規則性が観察されるため,実際に存在するかどうかということが問題にならず,「可能である/不可能である」の二分法が成立する可能性もある.しかし,語彙部門で扱われる対象は語彙であ

り，かなり自由に語を作り出すことが可能な語形成であっても，規則が予測するような語彙が実際に存在しない場合がある．そのため，実際に存在する**実在語**（actual word）がリストされている**永続的なレキシコン**（permanent lexicon）と**存在する可能性がある語**（potential word）がリストされている**可能なレキシコン**（potential lexicon）とを区別する必要があるとする研究者もいる．

　レキシコンに登録されている語彙は，必ずしも辞書に掲載されている語彙のリストと一致するというわけではない．レキシコンのリストは常に変動しており，新しい概念を表すため新しい語が次々と作り出される．新しい語が導入される場合，**新造**（coinage）によって作られることがある（その場限りで使われる**臨時語**（nonce word）もこのタイプの語に入る）．外国語の語彙からの**借用**（borrowing）により，新しい語彙がレキシコンに登録されることもある．また，必要がなくなったものは使用されなくなり，レキシコンの登録から外れ，**廃用語**（obsolete）となる．英語の語彙を世界的な規模で大がかりに収集している Oxford English Dictionary（OED）という辞書がある．この辞書に載っている語は，かなり網羅的であるが，語彙は常に変動しているために，英語のすべての語彙のリストとはなり得ないことは明らかであろう．このような状況は，日本語の大型辞書である「日本国語大辞典」でも同じである．

　レキシコンに登録されている語は，基本的に何かに**名付け**（naming）をする機能を持つ．名付けをする価値があるものに対して何らかの語が割り当てられるからである．このために，規則的に作り出された語であっても，レキシコンに登録されている語には，しばしば**意味の特殊化**（specialization of meaning）が起こる．たとえば，transmit から派生された transmission は，単に「伝達」という意味を表すのではなく，車のトランスミッション（動力の伝達装置）という意味で通常用いられる．また，英語で，White House は大統領官邸を指すが，これは建物の外壁が白く塗られていたためにこの名称がついたのである．しかしながら，White House は特定の建物を指すように意味が特殊化したために，色の意味はなくなっている．したがって，White House は，ペンキの塗り替えで建物の外壁が青色になったとしても，依然として White House と呼び続けられるであろう．日本語でも，たとえば，「赤字が出る」「黒字が出る」という表現がある．これは，もともと，利益や損失をそれぞれ黒い字と赤い字で書いていたことに由来する表現である．しかし，現在では，意味の特殊化が起こり，これらの語は，色との直接の関

係はなくなってしまっている．そのために，損失が出た場合の数字は，たとえ黒い字で書いてあっても「赤字額」，利益が出た場合の数字は，赤い色で書いてあっても「黒字額」になる．

2.1.1 複雑な語の内部

一般に，「語」は，それ以上分割できない単位であるとされるが，「語」という用語はいろいろな意味で使われるので，それを正確に規定することは，簡単に見えて，実際にはかなりむずかしい．より正確に規定するために，**語彙素**（lexeme）という概念を用いることもある．これは，実質的には，レキシコンに登録されている要素（つまり，語）であると考えてよい．また，語（語彙素）の内部の構成を考える場合には，**形態素**（morpheme）という概念が使われる．これは，まとまった意味を持つ**最小単位の要素**（minimal form）を指す．形態素は，単独で起こることのできる**自由形態素**（free morpheme）（たとえば，water, church のように独立して起こることのできる語），および，何かに付加されることによってのみ成立する**拘束形態素**（bound morpheme）に分けられる．さまざまな形で語に付加する**接辞**（affix）は，拘束形態素のクラスに入るが，これもいくつかのタイプに分かれる．接辞は，語のどこに現れるかによって**接頭辞**（prefix）（たとえば，unhappy につく un- や「不確実」の「不-」など），**接尾辞**（suffix）（たとえば，happiness の -ness や「確実性」の「-性」）などに分かれる．**語幹**（stem）は，屈折接辞が除かれた部分（たとえば，walkers から -s を除いた walker）を指し，これ以上細かく分割できない意味のまとまりをなす要素は**語根**（root）と呼ぶ（walkers では，walk がそれに当たる）．語根とそれより少し大きい単位として**語基**（base）と呼ばれるものがあるが，以下でも見るように，語根と語基は，付加できる接辞の種類によって区別される．

レキシコンに登録されている語彙は単体（単純な語）で登録されているものもあるが，**語形成規則**（word formation rule）によって，作り出される複雑な語も多く存在する．語形成規則には，生産性の高いものから，低いものまである．生産性の比較的高い，かなり規則的に作られる語形成規則としては，次の3つが挙げられるであろう．(A) 語に接辞を付ける**接辞付加**（affixation）（たとえば，動詞の construct に -tion という接辞を付加して construction という名詞を作る），(B) 単独で現れることのできる語と語を組み合わせる**複合**（compounding）（たとえ

ば，coffee と house を組み合わせて coffee house という語を作る)，(C) 接辞など付加を伴わずそのままの形で他に転用する**ゼロ派生**（zero-derivation）あるいは**転換**（conversion）（たとえば，chair, ship などの名詞をそのままの形で動詞として使う)．これに対して，規則性が認められるもののそれほど生産性が高くない語形成規則としては，(a) **混成**（blending）（たとえば，smoke と fog の一部を取り出し，それを組み合わせて smog という語を作る．「ゴリラ」と「鯨（くじら）」の語の一部を取り出して，「ゴジラ」という語を作る)，(b) **頭字語**（acronym）（たとえば radio detecting and ranging の頭の文字を取り出しそれを並べて，radar という語を作る)，**短縮**（clipping）（たとえば，advertisement という語を ad に縮約する，あるいは，「デモンストレーション」という語を短くして「デモ」という語を作る)，(c) **逆成**（backformation）（たとえば，babysitting という語からもともとなかった babysit という動詞を新しく作る——動詞に -ing が付く形が存在することに起因する**類推**（analogy）による語形成）など，いくつかの派生のパターンが観察される．

2.1.2 派生と屈折

複雑な語の形態は，大きく分けて**派生**（derivation）により作られるものと**屈折**（inflection）により作られるものの2つがある．派生は，接辞などが付くことにより，より複雑な形態を持つ語が形成される過程を指し，派生された語ともとの語とでは属する**範疇**（category）（あるいは**品詞**（parts of speech））が変わることが多いが，範疇は変えず意味を変化させるだけのこともある．これに対して，屈折は，文中での文法的な関係を示すための語の形態的な変化を指し，語の属する範疇は変化しない．

a. 派　生

派生は語に接辞を付加することにより可能になるが，接辞付加による語形成の生産性は，接辞の種類によって異なってくる．たとえば，日本語においては，形容詞に付いて名詞を作ることができる接辞の「-さ」や「-み」に生産性の違いを観察することができる．「-み」が付くことができる形容詞は数が限られているが，「-さ」にはそのような制限がなく，基本的には（複雑な形容詞をも含む）どのような形容詞にも付くことができるからである．

(2) a. 暖かさ，高さ，深さ，安さ，苦さ，ほろ苦さ，飲みやすさ，…．

b. 暖かみ, 高み, 深み, *安み, 苦み, *ほろ苦み, *飲みやすみ, ….

語彙は, いったんレキシコンに登録されると比較的長い期間維持される. 以前は生産性の高かった語形成規則からその生産性が失われても, その規則により作り出された語彙は, 数多く生き残っていることがある. たとえば, 英語では, 接尾辞 -th のつく語は, (3) のようにかなりの数が存在するが, 現在ではこの接辞を使って新しく語が作られることはほとんどない.

(3) growth, length, warmth, truth …..

これに対して, 形容詞から名詞を派生する -ness は生産性がきわめて高く, この接辞を用いた新語は今でも頻繁に造られている ((4)の例は, 言語学の用語として比較的最近に使われるようになったもの).

(4) distinctness（弁別性）, well-formedness（適格性）, faithfulness（忠実性）, tenseness（緊張性）, affectedness（被作用性）, unboundedness（非有界性）, roundness（円唇性）…..

接辞の付加が関与する語形成については, 接頭辞や接尾辞が付くことができる範疇に一定の制限がある（つまり, 付加できる範疇が指定されている）. たとえば, 日本語の接辞「-さ」は形容詞あるいは形容動詞にしか付かない. したがって, 形容詞に「-さ」を付けて,「暑さ」のような名詞を作ることができても, 名詞や動詞に「-さ」をつけて,「*本さ」「*歩きさ」のような語を作り出すことはできない.

複雑な語が形成されるプロセスにおいて適用される語形成規則は語のレベルの規則であり, 句の要素に適用されないとするのが一般的な原則である（ただし, 以下でも見るように例外もある）. 2つ以上の語（要素）が組み合わされて複雑な語を作り出す場合には, 中心要素として働く範疇の情報が全体の範疇を決める. たとえば, hard disk（ハードディスク）という語は, 形容詞の hard と名詞の disk から成り立っている**複合語**（compound word）であるが, 全体としては名詞の働きをする. 複合語全体としての範疇は, 中心になる**主要部**（head）の範疇の情報（ここでは名詞）によって決まり, (5) のように表すことができる.

(5)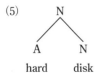

(5) においては，単語の上のラベルがそれぞれの語の範疇の情報（Aは形容詞，Nは名詞）を表している．AおよびNに結ばれる2つの直線の接点の上にあるラベルのNは，hard diskが全体として名詞の働きをすることを示している．(5) においては，主要部要素diskの範疇の情報が複合語全体の情報になったと見ることができる．複合語の中に含まれる個々の語はそれぞれに形容詞や名詞などの範疇の情報を持っているが，これらのすべての情報が複合語の全体の情報とはならないのである．

複数の接辞が付加される複雑な語は，接辞が平板に数珠のようにつながって付加されているのではなく，**階層構造**（hierarchical structure）をなしていると考えられる．具体例を挙げると，unfriendlinessという語は，全体として (6) のような構造を持っている．

(6)
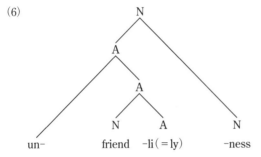

unfriendlinessという語が (6) のような構造を持つということは un-, -ly, -ness という，それぞれの接辞が付加できる要素の制限から確認することができる．まず，接尾辞の -ly は名詞から形容詞を作る接辞で，この -ly が friend に最初に付加され，friendly にならなくてはならない．これは，un- は形容詞には付加できるが，名詞には付加できない（*un-friend）という制限があるためである．次に，この un- が付加されて，unfriendly という形容詞が作られる．これに，形容詞から名詞を作り出す -ness が付加されると，unfriendliness という語が作られる（接尾辞の -ness は，形容詞には付くが，名詞には付かないという制限がある．また，un- は名詞に付かない接辞なので，friendliness に un- が付加している可能性は排除され，(6) の構造が唯一の可能性となる）．このように，複雑な語の構造は原則的に**二項枝分かれ**（binary branching）になると考えられている．

語彙部門と統語部門では，基本的に異なる規則や原理が働く．語は緊密なまと

まりを構成し，統語規則が語の内部にまで及ばないという一般的な原則があり，この原則は一般に**語の緊密性／語彙的統合性**（lexical integrity）と呼ばれる（Anderson 1992 など）．そのため，統語部門で働く（名詞句をもともとの位置から動かす）**移動**（movement），（代名詞などへの）**置き換え**（replacement），**修飾**（modification）などのさまざまな**統語操作**（syntactic operation）は語彙部門で適用できない．たとえば，hot dog（ホットドッグ）という語は，表面上は，二語としてつづられるものの，全体として一語として働く複合語である．したがって，その一部をなす hot は形容詞だからといって，形容詞 hot を修飾できる very のような語を付け加えて，*a [very hot] dog のような修飾関係を持つ語は作れない．また，teapot という単語は，tea と pot からなるが，teapot の tea の部分を指そうとして，代名詞の it を使用することはできない．たとえば，John picked up the teapot, and poured it into the teacup. のような文で，it は teapot の一部をなす tea を指すことができないのである．あえて指すとすれば，it は複合語の一部ではなく全体の the teapot を指すことになる．日本語においても同様な現象が観察され，たとえば，「灰皿をとって，それをこの袋に入れてください．」と言った場合，「それ」は，灰皿の部分をなす「灰」を指すことができず，指すとすれば，語全体の「灰皿」を指さなければならない．特に，代名詞の指示は語の内部には及ばないので，語は**照応**（anaphora）に関して接近不可能な**島**（island）（あるいは**照応の島**（anaphoric island））を形成していると言われる（Postal 1969）．

b. 屈折

文法的な要請（統語部門からの要請）により語の形が変わる**屈折**（inflection）に目を向けると，語には屈折をするクラスに属するものと屈折をしないクラスに属するものがあることがわかる．英語の場合，動詞・名詞（代名詞を含む）・形容詞は屈折をする．これに対して，前置詞・接続詞などは屈折をしない．英語の動詞は，**現在形**（present form），**過去形**（past form），**現在分詞**（present participle），**過去分詞**（past participle）など統語的な環境にしたがって活用し，形を変える．動詞のタイプによって規則活用する動詞（たとえば, walks, walked, walking, walked のように規則で予測される形に変化するもの）と不規則活用をする動詞 (go, went, going, gone のように規則活用から予測される活用をしないもの) がある．

形容詞は，述語として用いられる場合，be 動詞とともに現れる．形容詞述語では，be 動詞が時制を指定し，形容詞は時制に関して活用をしない．しかし，形容

2.1 語彙部門と語彙の一般的特性

詞詞は，happy, happier, happiest のように，**原級**（positive），**比較級**（comparative），**最上級**（superlative）の語形の変化をするものがあるので，屈折をする範疇に入る．名詞は，**数**（number）で屈折し，**単数**（singular）と**複数**（plural）で形が変わることが多い（たとえば，book, books）．代名詞は，数に加えてさらに，**格**（case）（たとえば，**主格**（nominative）の he，**対格**（accusative）（いわゆる目的格（objective））の him，**属格**（genitive）（いわゆる所有格（possessive））の his など），**性**（gender）(he と she のような**男性**（masculine）**女性**（feminine）の対立），**人称**（person）（**1 人称**（1st person），**2 人称**（2nd person），**3 人称**（3rd person）の対立，たとえば，we, you, they のような代名詞）でも語形が変わり，屈折する．

日本語の場合，動詞は，「走る/走った」のように，**非過去**（non-past），**過去**（past）の対立があり，また，後ろに続く要素によっても（連体形，連用形などに）形を変える．つまり，動詞は，現れる統語環境に応じて屈折をするのである．「ある/いる」は，動詞のとる「が」格名詞の**有生**（animate）・**無生**（inanimate）の区別で交替する動詞である．形容詞は，英語の形容詞とは異なり，比較級・最上級に相当する形を作っても，語の形自体は変わらない（「より美しい」などの**迂言的な形式**（periphrastic form）を常に用いる．英語の beautiful と more beautiful のような形に相当する）．しかし，形容詞，形容動詞は，動詞と同じように，過去・非過去の対立があり，さまざまな環境に応じて形を変えていくので，屈折すると言える．助動詞も，現れる環境に応じて，それぞれがさまざまな活用を示す（屈折をする）．名詞は基本的に形が変わらないが，時に複数を示す形（たとえば，「子供たち」）が存在することもある．しかし，これは，文法的な要請による語の変化というよりは，単なる語の形態の1つであり（統語にかかわる語形変化ではないので），屈折というよりは接辞が付加された派生であると考えられる．

屈折は，文法の要請による語の形態の変化である．そのため，屈折により，語の範疇（品詞）が変わることはない．屈折については，統語部門とのかかわりが重要になる．英語の（主語と動詞の）**一致**（agreement）は，(7) のように主語の数によって動詞の形が変化する屈折の現象を指すが，これは主語と動詞の統語上の関係に基づくもので，文のレベルで決まる．

(7) a. They {walk/*walks} everyday.
  b. He {walks/*walk} every day.

屈折に関しては，語の形（形態）が変わるという意味では，語彙部門で扱われる

ものであるが，文法の規則と関連するという意味では，統語部門で扱われるものなので，統語と語彙のインターフェイスの部分で働くものと言ってよい．

2.1.3 語の種類と語形成

　語形成に関しては，既存の語があれば，（可能であっても）語形成規則を適用して新たに同じ意味の語を作り出さないという現象がしばしば観察され，これを**阻止**（blocking）と呼ぶ．たとえば，英語においては，形容詞の curious や generous に -ity を付加して curiosity や generosity を作ることができるが，furious や glorious から *furiousity や *gloriosity を派生することはできない．これは，同じ意味を表す fury や glory がすでに存在しているため，新たな語を作り出す必要がなく，その語形成が阻止されるからである．阻止は，同じ意味を表す接辞が競合する場合にも起こる．英語には，動詞を名詞化する接辞が -tion, -ence, -ment のようにいくつか存在するが，1つの語には，これらの接辞のうちの1つしか結びつかないことが多い（たとえば, occur と結びつく場合, occurrence, *occurtion, *occurment のように1つのタイプの接辞の付加しか許されない）．

　屈折の場合にも阻止は起こる．屈折は語の意味や範疇（品詞）を変えない文法的な語形変化が絡むので，実際にはむしろ，屈折の場合（動詞や名詞の活用など）において阻止の現象は顕著に現れる．たとえば，go の過去形は，went であるが，規則活用のルールから予測される形の *goed は現れない．日本語でこれと似た現象は，動詞を尊敬語化する際に起こる．たとえば，「見る」の尊敬語形は，「ご覧になる」という**補充**（suppletion）の形式が使われ，規則的な形であるはずの「*お見になる」という形は存在しない．一般に，動詞の**活用**（conjugation）においては，**不規則活用**（irregular conjugation）が，**規則活用**（regular conjugation）を妨げることが多い．これは，活用形が決定される際には，不規則活用が優先ルールとなり，不規則活用がない場合に，規則活用の規則が当てはめられ活用形が作られるからである．この場合，規則活用が，いわゆる**非該当ケース**（elsewhere case）の規則となる．

　2つの派生形が共存するケース，つまり，**二重語**（doublet）が存在するケースもしばしば観察される．たとえば，動詞 compare から派生できる形容詞としては comparative（比較の）と comparable（匹敵する）という2つの語がある．このように2つの語が同時に存在できるのは，それぞれ派生された語が異なる**意味の場**

（semantic field）をカバーするからであり，実際，上の2つの語は，**同義語**（synonym）ではない．日本語において「-さ」や「-み」という接辞は，形容詞から名詞を派生できるが，「深さ/深み」「赤さ/赤み」のように2つの形が併存するものが多い．これは，2つの形が同じ意味を表すのではなく，異なる意味を表すために，阻止が起こらないからであると考えることができる．

いろいろな言語において，レキシコンとして登録されている語彙は，いくつかの**語彙層**（lexical strata）をなしていることが多い．たとえば，英語は，**ラテン語系の語**（Latinate word）の語彙と，もともとの英語の語彙である**ゲルマン語系の語**（native word）からなる2つの語彙層があり，派生において付加される接辞が異なってくる．たとえば，接尾辞の -ity は，ラテン語系の語彙とのみ結合できる．また，-hood は，brotherhood, neighborhood のように，ゲルマン語系の語彙に付く（ただし，例外的に，statehood のように，ラテン語系の語彙に付く場合もある）．日本語は，大きく分けて，**和語**（native Japanese word）と**漢語**（Sino-Japanese word）と**外来語**（foreign word）の3つの語彙層が存在する．

なお，**動名詞**（verbal noun）と呼ばれる二字の漢字からなる語は，名詞としても動詞としても使うことができる．動詞的名詞が名詞として使用される場合には，そのままの形で使用できるが，動詞として使用される場合には，「する」が付加される．たとえば，「開発」はそのままで名詞として使用し「開発が進む」という言い方ができる．しかし，述語として使用する場合には「開発する」のような形をとる．また，「開発をする」という形式も可能である．

接辞の付く要素には，2つの種類があることがしばしば議論される．英語において，-ion, -ity, -al, -ic, -ous, -an などの接辞と -ness, -less, -ful, -ism などの接辞は付加される対象となるものが異なる．前者の接辞は，**レベルⅠ接辞**（level Ⅰ affix）（あるいは**一次接辞**（primary affix））と呼ばれ，語根に付く．後者の接辞は，**レベルⅡ接辞**（level Ⅱ affix）（あるいは，**二次接辞**（secondary affix））と呼ばれ，（語根よりも大きな単位である）語基に付加される．レベルⅠ接辞の -an は，grammar から grammarian のような語を派生し，レベルⅡ接辞の -ism は national のような語から nationalism のような語を派生することができる．同時に2つの接辞が起こる場合には，原則として，レベルⅠ接辞がレベルⅡ接辞の内側に現れる．したがって，名詞から形容詞を作るレベルⅡ接辞 -less の後に，形容詞を名詞に変えるレベルⅠ接辞 -ity を付けることができず，*child-less-ity のような語は作れ

ない．このように，接辞付加には一定の順序があり，これを**レベル順序付け**（level ordering）と呼ぶことがある（Siegel 1979, Allen 1978）．日本語の「-手」は，レベルⅠ接辞の一種であると考えられ，「話し手」「書き手」のように，単純な動詞にしか付かず，「*読みつけ手」「*書き込み手」のように「読みつける」「書き込む」といった複合動詞には付かない（動詞がとる目的語に相当するものを表現する場合は，複合語の外側に出して「小説の書き手」のような表現を作り，「*小説書き手」にはならない）．これに対して，「-家」は，「評論家」のような漢語に付く．また，「時事評論家」のように，さらに他の要素を付け加えることによって，拡張することもでき，語根より大きなレベルである語基に付加されるレベルⅡ接辞であると考えられる．

　レベルⅠ接辞は，grámmar から grammárian のように，しばしば**強勢の転移**（stress shift）を起こすが，レベルⅡ接辞の場合はストレスの転移は起こらない．レベルⅠ接辞は，形態上の変化を伴う場合もある．たとえば，接頭辞 in- は，それが起こる環境によって，<u>in</u>articulate, <u>im</u>possible, <u>ir</u>responsible, <u>il</u>logical のようにいくつかの異なる形で現れる．レベルⅠ接辞は，環境により形態や音に変化を起こし，その結果，1つの接辞がいく通りかの異なる形，すなわち，**異形態**（allomorph）を持つことがあるのである．これに対して，レベルⅡ接辞のクラスに入る接頭辞の un- は，たとえば，<u>un</u>intentional, <u>un</u>popular などのように，常にこの形で語に付加されるので異形態は存在しない．日本語においても，語根に付加するとされるレベルⅠ接辞は，しばしば音韻変化を起こし，異形態を持つことがある．たとえば，接頭辞の「真」がそれにあたり，語根に接辞が付き，「真っ黒（まっくろ）」，「真ん中（まんなか）」，「真向かい（まむかい）」のように，いくつかの異形態を持つ．「一（いち）」も現れる環境により，「一本（いっぽん）」「一枚（いちまい）」「一等（いっとう）」のように変化する．また，英語には，-able のように，語根にも語基にも付く（つまり，レベルⅠ接辞としてもレベルⅡ接辞としても使うことができる）タイプの接辞がある．このことは，divide に対して，接辞 -able の付加によって音韻変化が生じる divisible とそうでない dividable という2つの語が存在することからわかる．

2.1.4 複合

　複合（compounding）は，英語においても日本語においてもかなり生産性の高

い語形成の1つ（派生の一種）であり，複合により，語と語が組み合わされて複雑な形態を内部に持つ語が作られる．英語では，Government Policy Evaluations Act（行政機関が行う政策の評価に関する法律）のような複数の名詞を複合した語を容易に作り出すことができ，また，日本語も同様に，「商業テナントビル新規建設計画」のように，複雑な複合語を容易に作ることができる．複合は生産性が高く，複合語はかなり規則的に作られる．複合において観察される規則性は，統語規則と似た部分が多く，理論によっては語彙部門ではなく統語部門で扱われることもある．

統語部門で作られる句あるいは文は，可能でも存在しないものがあるという状況が生じるようなことはない．さらに，句や文は，一般に，それぞれの語の意味を合わせたものが全体の意味となる．このように，部分と部分の意味を組み合わせると全体の意味ができあがるとする原則は，**合成性の原理**（principle of compositionality）と呼ばれる．たとえば，「車にガソリンを入れる」のような句の場合，「車に」「ガソリンを」「入れる」という要素それぞれの意味があり，その意味を合わせたものが，全体の意味となる．これに対して，「(原稿に) 手を入れる」のような**イディオム/慣用句**（idiom）は，合成性の原理に従わない．したがって，「手を」と「入れる」の意味を合わせてもイディオムの「手を入れる」全体の意味は出てこない．これは，イディオムでは，まとまった語の連鎖に（部分からは組み立てることのできない）特有の意味が存在し，部分の意味から全体の意味が作られるわけではないからである．複合は，合成性に関して両方の特徴を示すことがある．たとえば，「キツネ狩り」のような複合語は，合成性の原理に従い「キツネ」と「狩り」を組み合わせて意味（「キツネを狩る」の意味）が決まる．しかしながら，「紅葉狩り」のように，合成性の原理に従って意味が決まらないものもある（「紅葉狩り」は，「紅葉を狩る」ではなく，「(山などに入り) 紅葉を見て楽しむ」の意味を表す)．

英語の複合語には，語根と語根を組み合わせた**一次複合語**（primary compound）（あるいは，**語根複合語**（root compound））と呼ばれるものと，**二次複合語**（secondary compound）（あるいは，**動詞由来複合語**（verbal compound），**総合複合語**（synthetic compound））と呼ばれるものがある．どちらも，接辞による派生とは異なり，自立語が組み合わされて複雑な語が作り出される．一次複合語には，iron cold, snail mail などの例があるが，複合された2つの要素がさまざまな意味関係

を持つことができる．これに対して，二次複合語は，letter writing, machine washed などが属し，後でも見るように，通常，動詞由来の名詞が主要部として現れ，複合される要素間で**叙述**（predication）の関係（つまり，動詞とその動詞のとる項との間の関係）を持つ．

複合語には，多くの場合，意味的な中心要素，すなわち，意味的な主要部が存在する．たとえば，greenhouse（温室）という複合語は，house の一種を指しており，green は house の付加的な特徴を記述している．そのため，右側の要素の house を greenhouse の意味的な主要部とみなすことができる．日本語の「風車小屋」も同じで，これは，風車の種類ではなく，小屋の種類を指定する複合語なので，右側要素の「小屋」が（意味的な）主要部として働いている．英語や日本語においては，このように複合語の右側の要素が主要部となることが多いので，**右側主要部の規則**（right-hand head rule）が働くとされる（Williams 1981a）．右側主要部の規則はすべての言語に当てはまる普遍的な規則ではないが，英語と日本語では，派生や複合においてこの規則が働くことが多い．ただし，右側主要部の規則は，日英語に限ってみても，例外が数多くあるので注意する必要がある．たとえば，envision のような語の派生では，en- という vision の前に付く接辞がその語全体の範疇を決めており，左側の要素が範疇を決める主要部として機能している．

複合語の中には，主要部を決められないものも存在する．たとえば，上で見た greenhouse は主要部が存在する**内心複合語**（endocentric compound）と呼ばれるが，red cap（赤帽）のような複合語は，全体の意味が内部要素の意味とまったく異なるので，どちらの内部要素が意味的な主要部として働いているかを決めることができない．red cap タイプの複合語は，（意味的な主要部のない）**外心複合語**（exocentric compound）と呼ばれる（サンスクリット文法に由来する**異機能複合語**（bahuvrihi compound）という用語が使われることもある）．また，parent-teacher association (PTA) の parent-teacher のように，2つの語が等位する形で複合語が作られることがあり，これは**等位複合語**（coordinative compound）と呼ばれる（あるいは，同じくサンスクリット文法に由来する**並列複合語**（dvandva compound）という用語が使われることもある）．等位複合語の場合もどちらの内部要素が主要部となるかを決めることはできない．もちろん，外心複合語と等位複合語は，右側主要部の規則では扱えないタイプの複合語である．

日本語においては，一次複合語と二次複合語の区別はあまりはっきりしないことも多いが，連濁の現象が起こる環境ではこの区別が明らかになる．一次複合語においては，**連濁**（sequential voicing）が起こるが，二次複合語においては，連濁は起こらないと考えられるからである．たとえば，「板張り」という複合語は，「いたはり」と読む場合と「いたばり」と読む場合で意味が異なる．連濁を起こす「板張り（いたばり）」は，作られた物（結果あるいは産物）を指す一次複合語である．したがって，「板張りの廊下」のような表現が可能である．これに対して，連濁を起こさない「板張り（いたはり）」の場合は，板を張るという行為を指し，二次複合語となる．この場合，「板張り（いたはり）をする」というような表現が可能になる．連濁の有無は音韻変化の一種であるが，接辞付加による派生の場合と同様に，小さな単位の要素が組み合わされるときに変化が起こる．

動詞由来の二次複合語は，項構造を持つ動詞から派生した名詞と，それとある種の文法的な関係を持つ名詞とが複合して作られる．動詞由来複合語の形成には，一定のパターンがあり，たとえば，a truck driver や truck driving のように，動詞の目的語に相当する名詞と複合することがある（複合語の中に主題に相当する項が現れる場合）．the driving of trucks や a driver of trucks のように，語の外側に表出される場合もある．また，その他にも，副詞を複合した fast-moving（＜move fast），形容詞を複合した good-looking（＜look good），受身をベースにした複合語 hand-made（＜made by hand）などがある．また，二重目的語動詞から，gift-giving to the child（＜give a gift to the child）のような複合語を作ることができる（ただし，*child-giving of the gift は不可）．動詞由来複合語に関しては，さまざまな形が可能であるが，一般に，動詞と姉妹の関係を持つ要素が複合語の一部として現れる（つまり，構造的に見て動詞に一番近い要素が複合される）という条件があるとされ，この制約を**第一姉妹の原則**（first sister principle）と呼ぶことがある（Roeper and Siegel 1978）．

複合語においては，形態と意味が一致しない**括弧付けのパラドックス**（bracketing paradox）が観察されることもある．たとえば，atomic scientist は，-ist が名詞につく接辞なので，形式上は [atomic [scientist]] という括弧付けになるはずであるが，意味上では，atomic science がひとまとまりとなるので，[[atomic science]-ist] のような括弧付けになる．このように形式上と意味上のまとまりが一致しない現象を括弧付けのパラドックスと呼ぶ．日本語においても同様の現象が観察で

きる.「自動車の製造過程」という場合,構造上は,[自動車の[製造過程]]のようなまとまりを持っているはずである(なぜなら,「の」は句のレベルに現れる語をマークし,「製造過程」は,語と語を複合した複合語であるからである).しかしながら,意味的な関係は,[[自動車の製造]過程]となるはずで,やはりここでも,意味と形式が一致しない括弧付けのパラドックスが起っている.

2.2 語彙部門と統語部門とのインターフェイス

2.2.1 統語構造と項構造

統語部門で作られるのは,句や文であるが,そのなかでも,文は,完結した思考を表す最小単位の表現と考えられる.The army sank the ship. のような文は,単に文字列が横に並んでいるのではなく,階層的になった統語構造を持つ.一般に文は,**主語**(subject)と**動詞句**(verb phrase)からなり,動詞句は,**動詞**(verb)が他動詞の場合は**目的語**(object)をその内部に含む,という統語構造を持つ.このような統語の関係は,しばしば (8) のような**樹形図**(tree diagram)によって表記される.

(8)
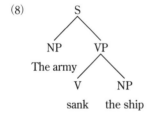

(8) において,S は sentence の頭文字をとったもので文を表す.VP は動詞句,V は動詞を表す.主語および目的語の位置に現れる名詞要素は,冠詞 the と名詞が組み合わさって**名詞句**(noun phrase)を形成しているので NP と表示されている.これらのラベルの下に具体的な単語が入ったものが The army sank the ship. という文の構造図である.(8) では,主語と動詞句が S に直接支配される構造位置に現れ,動詞と目的語の名詞句が VP に直接支配される構造位置に現れている.この構造の関係は,括弧を使って (9) のようにも表示できる.

(9) [$_S$ The army [$_{VP}$ sank the ship]]

(9) では,括弧の下にあるラベルが括弧の中に含まれる要素を支配していること

2.2 語彙部門と統語部門とのインターフェイス

を示している．より具体的には，Sが主語（the army）と動詞句を直接支配し，動詞句が動詞（sank）と目的語（the ship）を直接支配している．

統語部門において文が作られる場合，レキシコンで登録されている語彙とそこに含まれる情報が構造に反映され，文が派生される．文は，その構造に対して適切な解釈が与えられなければならない．文の解釈を決定する上で重要な働きをするのが，**述語**（predicate）がどのような**項**（argument）を伴うかという情報で，この情報を指定したものを**項構造**（argument structure）と呼ぶ．項構造では，**意味役割**（semantic role）によってその項の性質が指定される．たとえば，他動詞のsinkでは，「沈める」という行為を行う**動作主**（agent）とその行為の及ぶ対象である**主題**（theme）の意味役割が項構造によって指定される．項構造は，必要な数の意味役割のラベルを〈 〉の中に入れて表記する（たとえば，他動詞のsinkの項構造はSINK〈動作主，主題〉と表示する）．項構造では，意味役割の数によって，述語が項をいくつとるのかという項の**結合価**（valence）を指定する．たとえば，walkの項構造はWALK〈動作主〉で，項を1つだけ（主語として）とることがわかる．devourの項構造はDEVOUR〈動作主，主題〉で，この動詞は他動詞で主語と目的語をとることがわかる．項構造において指定される意味役割には，上で見た（意図的な行為を行う）動作主，（移動や状態変化など影響を受ける）主題以外に，比較的よく言及されるものとしては，（出来事を引き起こす主体である）**使役者**（causer），（移動の開始点を指す）**起点**（source），（移動の終了点である）**着点**（goal），（所有物を受け取る）**受容者**（recipient），（行為を行う手助けとなる道具である）**道具**（instrument），（出来事が起こる場所を指す）**場所**（location）などがある．

原理と変数のアプローチと呼ばれる考え方では，文が移動操作によって派生されることがあり，(10)のような統語的な派生のモデルが仮定される（Chomsky 1981）．

(10)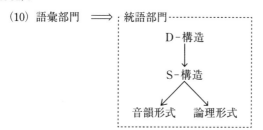

統語部門での派生の関係は，統語操作の関与する構文を考えるとわかりやすい．統語的な操作として代表的なものは，**受動態/受身**（passive）である．受動文は能動文と同じ**論理的な意味**（logical meaning）を表すので，(11a) と (11b) は，同じ意味を表す基底構造から派生されると仮定される．

(11) a. The army sank the ship.
　　 b. The ship was sank (by the army).

(11a) では，(12) のように，動作主の意味役割が主語に与えられ，主題の意味役割が目的語に与えられることにより，the army が行為を行う人物，the ship がその行為の向けられる対象であるという解釈が得られる．

(12) SINK〈動作主, 主題〉

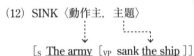

[s The army [VP sank the ship]]

意味役割は，項の文法関係が反映される統語のレベルである **D-構造**（D-structure）（あるいは**深層構造**（deep structure））で名詞句に与えられる．さらに，名詞句が文中で認可されるためには，格が与えられなければならない．(11a) の能動文の場合，主語には主格が与えられ，目的語には対格が与えられる．この場合，これ以上の派生は行われない（つまり，このままで文が完成する）ので，D-構造と表面上の構造（**S-構造**（S-structure）あるいは**表層構造**（surface structure））は基本的に同じになる（なお，(10) のモデルでは，S-構造からは，さらに実際に発音される形にするために**音韻形式**（phonetic form）が作られ，最終的な文の解釈を得るために**論理形式**（logical form）が作られるが，ここでの議論では S-構造までの統語派生のみが直接関係する）．

　受身文では，もとの他動詞文の目的語（主題を表す名詞句）を受身文の主語に**昇格**（promotion）させ，能動文では主語であった動作主名詞句を**付加詞**（adjunct）に**降格**（demotion）させるという統語操作が関与する．(11b) の受動文の主語 the ship は，対応する能動文では目的語として現れている．これは，もともと目的語の位置にあった名詞句が，受動文において主語の位置に移動するということである（このような移動は，**名詞句移動**（NP-movement）と呼ばれる）．(11b) の受身文は，(13) のように派生される（矢印は名詞句の移動を表している）．

(13)　D-構造：　[$_S$　　　　[$_{VP}$ was sunk the ship （by the army）]]

　　　S-構造：　[$_S$ the ship [$_{VP}$ was sunk　　　（by the army）]]

（11b）の受身文は，D-構造において，名詞句の the ship が目的語の位置に現れ，この名詞句は，名詞移動の移動により S-構造において主語の位置に現れるのである．

　（11b）において，なぜ名詞句の移動が起こるかを簡単に説明すると，受身動詞では，もともとの主語（動作主項）が付加詞に降格され，受身文の主語の位置は，D-構造では埋められず空いている（そのため，動作主を表出する際には，byのような前置詞句を伴わなければならない）．動詞のとる主題項は，受身文でも能動文と同様に D-構造において目的語の位置に現れる．これは，動詞が主題の意味役割を目的語の位置にある項に与えるからである．しかしながら，受身化された動詞は，目的語に対して対格を与える能力がなくなるので，主題の意味役割を持つ項は，目的語の位置にとどまったままでは，文中に現れることが認可されない．そのために，主題項は，空いている主語位置に移動し主格を受け取ることが必要になる．したがって，受身文では，(13)のような統語的な派生を経て，本来なら目的語の位置に現れるはずの主題項が主語として具現化するのである．

2.2.2　項構造を変換する語彙的な規則

　一般に，述語の項の指定は項構造によって行われるが，さまざまな条件により**項の具現化**（argument realization）のパターンが変化するという現象が観察される（特に，複雑な語形成がかかわった場合には，述語がとる項の情報がどのように統語に反映されるかに関して変化が起こることがある）．語彙部門内で適用される規則によって項の具現化のパターンが変わる場合と統語部門の規則によって項の具現化のパターンが変わる場合がある．前者の代表的なものは自動詞と他動詞の間で起こる**自他交替**（transitivity alternation）であり，後者の代表的なものは，前項でも見た（統語的）受身化である．本項では，語彙部門で項構造を変換する交替現象について解説する．

　語彙的な交替現象の説明に入る前に，**非対格仮説**（unaccusative hypothesis）について簡単に言及しておく（Perlmutter 1978, Burzio 1986）．非対格仮説は，**自動**

詞（intransitive verb）を，それがとる項の性質により2つに分けるという考え方である．work, walk などのような動作主項を主語としてとり，意図的な行為を表す自動詞は，**非能格動詞**（unergative verb），fall, die のような主題項を主語としてとり，意図的には引き起こされない出来事を表す自動詞は，**非対格動詞**（unaccusative verb）と呼ばれる．非能格動詞に現れる唯一の項（唯一項）は，**外項**（external argument）と呼ばれ，他動詞の主語と同じ位置に現れる．非対格動詞のとる唯一項は，**内項**（internal argument）と呼ばれ，D-構造において目的語の位置に現れる．これら項の構造上の位置関係は (14) のように示すことができる．

(14) a. [_S 外項 [_VP V 内項]]　（他動詞）
　　 b. [_S 外項 [_VP V 　　]]　（非能格動詞）
　　 c. [_S 　　 [_VP V 内項]]　（非対格動詞）

(14) の関係は，一般に，項構造と統語の間での項の対応関係を表している（なお，日本語では，内項と動詞の順は表面上逆の順序になる）．

　外項と内項という項の性質の違いは，たとえば，**過去分詞**（past participle）による項の修飾が可能かどうかという違いになって現れる．(15) は自動詞の過去分詞の項修飾において観察される文法性の対比である．

(15) a. *walked men, a danced girl, played boys, ...
　　 b. fallen leaves, elapsed time, the departed train, ...

英語では，(15a) のような非能格動詞をベースにしたものは容認されないが，(15b) のような非対格動詞をベースにしたものは容認される．これは，過去分詞が形容詞的に修飾する要素は動詞の「内項」に相当するものでなければならないという制限があるからである．非対格動詞と非能格動詞の唯一の項は，表面上どちらも主語として現れるが，(15) のように環境により振る舞いの違いが観察されるのである（なお, walk や dance の例が容認されるには, walking men, a dancing girl のように，動詞が ing の形をとる必要がある）．

　自動詞と他動詞の交替（自他交替）においては，項構造の変換が起こる．他動詞の sink の項構造は，SINK〈動作主, 主題〉であるが，自動詞 sink は，The ship sank. のように，主題となる項が主語として現れる．自動詞 sink の項構造は，（語彙的な操作により）動作主が項構造から取りはずされ，SINK〈主題〉となる．そのため，受身の場合とは異なり，動作主は現れることができない（つまり，*The ship sank by the army. は不可）．sink のような動詞で観察される自動詞・他動詞の

交替は，使役者（主に動作主）である外項の取り付け・取り外しが関与するので，**使役交替**（causative alternation）と呼ばれる．そして，他動詞を自動詞に変換する派生は，**自動詞化**（intransitivization）あるいは（使役者（＝動作主）を削除するという意味で）**反使役化**（anti-causativization）と呼ばれることもある．

〈主題〉という項構造を持つ自動詞の sink は，他動詞のときと同じように，主題の意味役割を目的語の位置にある項に与える．そのため，The ship sank. のような文が作られる場合には，まず，主題の意味役割が (16) のように，目的語位置にある the ship に与えられる．

(16) SINK$_{trans}$〈動作主，主題〉 ⟹ SINK$_{intr}$〈主題〉

　　　　　[$_S$　　　　[$_{VP}$ sank the ship]]

自動詞は，受身動詞の場合と同様に，目的語に対して対格を与えることができないので，主題項 the ship は，目的語の位置では認可されない．そのため，主題項は，主語位置に移動して主格が与えられることにより，文中での生起が認可されることになる．

(17) D-構造：　[$_S$　　　[$_{VP}$ sank the ship]]

　　　S-構造：　[$_S$ the ship [$_{VP}$ sunk　　　]]

自動詞 sink の唯一項は内項なので（他動詞の sink のとる主題項と同じように）D-構造では目的語の位置に現れるが，名詞句の移動により S-構造において主語の位置に現れるのである（なお，非能格動詞は外項を唯一項としてとり，その唯一の項が D-構造において主語の位置に現れるので，ここで扱っている名詞句の移動は関与しない）．

自動詞化を伴う自他交替では，他動詞が交替により自動詞に変換されると，他動詞の項構造にある動作主が取り除かれるので，sink のような自動詞においては，動作主が統語構造上に投射される（現れる）ことはない．このことは，統語的に動作主を降格させる受身文と対比するとわかりやすいであろう．ここでは，(18) の**理由節**（rationale clause）について考えることにする．

(18) a. They sank the ship (to collect the insurance).
　　 b. The ship was sunk (to collect the insurance).
　　 c. The ship sank (*to collect the insurance).

(18) の to collect the insurance は，節の表す出来事を**コントロール**（control）する動作主を節外に要求する．(18a) で示されているように，他動詞の sink では，the army という動作主が現れており，これが to collect the insurance の**コントローラー**（controller）（つまり，意味上の主語）になる．(18b) の受身文でも，（動作主は表面上現れていなくても）理由節を加えることができる．そのため，受身文の動作主項は，表出されない場合でも，表面上は見えない**隠在項**（implicit argument）として統語構造上に投射されていることがわかる (Roeper 1987)．これに対して，自動詞の sink の場合は，理由節を加えることができない．したがって，自動詞文においては動作主項は統語上投射されていないと言えるのである．日本語でも同じような対立があることは，たとえば (19) のような「自然に」という副詞の振る舞いから観察できる．

(19) a. ジョンが花瓶を（*自然に）壊した．
 b. 花瓶が（*自然に）壊された．
 c. 花瓶が（自然に）壊れた．

「自然に」という表現は，動作主項が統語的に具現化している場合には使用できないことから，日本語の他動詞の「壊す」の項構造は〈動作主，主題〉，自動詞「壊れる」の項構造は〈主題〉となっていることがわかる．

　語彙部門で項構造に変化を起こす操作は，先に見た項の抑制の他に，項の**外項化**（externalization）と**内項化**（internalization）という2つのプロセスがあると考えられている (Williams 1981b)．外項化においては，項構造の中にある内項が外項として，内項化においては，外項が内項として働くようになる変換が起こる．たとえば，他動詞に -able などの接辞が付き形容詞化すると，語彙部門において外項が抑制され，内項が外項化する．したがって，(20a) をベースにして (20b) が派生される．

(20) a. The children learned the grammar.
 b. The grammar is learnable.
 c. *The children are learnable.

なお，(20c) は，外項化の条件が満たされないので容認されない．外項は，下線を引いて表示することがある．この表示法を採用すると，learn は〈動作主，主題〉の項構造を持つが，語彙部門の操作により，learnable は〈主題〉の項構造を持つことになる．learnable の唯一項（外項）は統語では主語の位置に現れる．

2.2 語彙部門と統語部門とのインターフェイス

　語彙部門での項構造の変換は，統語部門で起こる項の操作とは異なり，強い制約が課されることが多い．このことは，統語的な操作がかかわる**動詞受身**（verbal passive）と語彙的な操作がかかわるとされる**形容詞受身**（adjectival passive）を比べるとわかりやすい．まず，動詞受身では，(21) のように，主題の the car も受容者の Tom も主語として現れることができる．

(21) a. The car was sold to Tom.
　　 b. Tom was sold the car.

これに対して，形容詞受身では，(22) のように，主題の the car しか主語にならない．

(22) a. The car remained unsold.
　　 b. *Tom remained unsold (the car).

ちなみに，(22) が形容詞受身の例であるということは，remain の**補語**（complement）には形容詞しか現れないこと，および，形容詞には付いても動詞には付くことができない接頭辞の un- が unsold には付いているという事実から確認できる．英語の形容詞受身と動詞受身で (21) と (22) のような違いが見られるのは，統語的な操作が関与する受身（動詞受身）においては，項は目的語（二重目的語動詞ならば間接目的語）であれば主語に昇格させることができるのに対して，語彙的な外項化を起こす形容詞受身では主語にできるのは「主題」の意味役割を持つ項に限られるからである．同じようなことは日本語についても言える．

(23) a. 英語が学生に教えられた．
　　 b. 学生が英語を教えられた．
(24) a. 学生が英語を教わった．
　　 b. *英語が学生を教わった．

「教える」は受容者と主題の 2 つの目的語をとる二重目的語動詞である．統語的な受身（動詞受身）では，(23) のように，直接目的語も間接目的語も（直接）受身の主語となれる．しかし，「教える」を「教わる」に変えた**語彙的受身**（lexical passive）では，(24) のように，受容者の意味役割を持つ項しか主語とすることができない．

　意味役割の付与に関しては，複雑な語の中と外の両方で起こることがある．英語では，the baker of bread のような表現が可能である．この表現においては，bake が項構造として〈動作主，主題〉を持ち，-er が動作主を表し，bread が主題を表

すので，意味役割は (25) のように項に与えられると考えられる．

(25) BAKE〈動作主, 主題〉
　　　　　　↓　　　↓
　　　[NP the bak-er of bread]

もちろん，-er は，baker という語の一部をなす．したがって，動作主の意味役割の -er への付与は，語の内部で起こっている．そして，bread への主題の意味役割の付与は語の外部要素に対して起こる．日本語も同じような現象がある．「シナリオの書き手」のような表現では，「手」が名詞の一部として現れ，主題を表す名詞句「シナリオ」が「書き手」の外側に現れている．そのため，動作主の意味役割の付与は語の内部要素に対して起こり，主題の意味役割の付与は語の外部にある要素に対して起こっていると言える．

2.3 統語レベルでの語形成

2.3.1 言語類型

　言語は，文中に現れる語の形態によって，いくつかの**類型**（typology）に分けることができる．**孤立言語**（isolating language）は，語がそれぞれ独立しているタイプの言語，つまり複雑な語が形成されないタイプの言語である．**膠着言語**（agglutinative language）は，語にいろいろな形態素が付き，複雑な語を形成するタイプの言語である．**屈折言語**（inflectional language）は，膠着言語と同じように，複雑な語を作り出すのであるが，その構成成分が語として一体化し分離することが難しいタイプの言語である．日本語は，いろいろな拘束形態素が語幹に結びついて複雑な形態を示す語が作り出す膠着言語である．代表的な屈折言語としては，ラテン語やギリシア語が挙げられる．そして英語も屈折的な性質を示す言語であるとされる．さらには，多くの要素が融合した形式を持つ**多総合的（融合）言語**（polysynthetic language）と呼ばれる言語も存在する（ここには，動詞語根に人称，格などのすべての要素が付加され，1つの語で1つの文の意味を表すことができるタイプの言語が入る）．ただし，これは絶対的な分類ではなく，1つの言語にいくつかの異なる性質が混ざり合っていることも多い．日本語と英語は，言語の類型が異なるために，形態部門で扱われる要素の対象が変わってくる可能性がある．

2.3.2 統語部門での語形成と文法理論

統語部門での統語規則は，繰り返し規則を適用できるという，いわゆる**再帰性/帰納性**（recursiveness）の特徴を持つが，語彙部門での規則も，複合のように，かなりの程度に生産的で再帰的に用いることができるものがある．このような性質を持つ語形成をどのように扱うかは，形態論を考える上での1つの大きな問題となる．どのような要素が語彙としてレキシコンに登録され，どのような要素が統語的に作られるかに関しては，さまざまな議論がある．その1つの指標となるのが，（基本的に例外がなく）完全に規則的なものは統語的に作り出されるのに対して，そうでないものはレキシコンに登録されるというものである．

派生においては，新しい語彙が作り出されるので，基本的に語彙部門で扱われる．しかし，通常は語彙部門で起こると考えられる派生に対しても，統語的な派生と語彙的な派生を認めるという立場がある．派生がかかわる語形成にも，非常に生産的なものがあり，また，派生には，似た分布を示すように見えても，異なる振る舞いをするものがあるからである．このことを，英語において観察される二種類の名詞化を取り上げて考えてみよう．まず，英語の名詞化には**動名詞的名詞化**（gerundive nominalization）と**派生名詞化**（derived nominalization）があることが知られている．

(26) a. John's criticizing the book.
　　 b. John's criticism of the book.

動名詞的名詞化は，動詞に -ing を付加することによって生産的に作り出すことができる．派生名詞化の場合は，前者ほど生産的でない．また動名詞的名詞化は完全に規則的であるが，派生名詞化はそれほど規則的でない．このことは，たとえば，心理述語 amuse を含む文 John amused the children with his stories. を名詞化した場合，2つのタイプの名詞化では異なる分布が観察されることからもわかる．

(27) a. *John's amusement of the children with his stories.
　　 b. John's amusing the children with his stories.

(27) が示していることは，動詞的名詞化とは異なり，派生名詞化が使役の意味を表せないということで，amuse が使役動詞として主語と目的語をとることができるという情報が派生名詞化の際に**継承**（inherit）されないということを示している．これに対して，John is amused at the children's stories. のような文は動名詞的名詞化も派生名詞化も可能である（つまり，受身の形はどちらのタイプの名詞化

も可能である).

(28) a. John's amusement at the children's stories.
b. John's being amused at the children's stories.

このことから，名詞化においては，動詞の項の選択制限の情報が名詞に継承される場合とそうでない場合があるということがわかる．また，(29) に対しても同じような対立が観察される．

(29) a. the growing of potatoes
b. the growth of potatoes

grow は自動詞としても他動詞としても用いることができる．それに対応して，(29a) では，「芋が育つこと」と「芋を育てること」という他動詞・自動詞の意味が存在する．しかし，(29b) では他動詞としての意味が欠落し，「芋が育つこと」という意味しか表さない．この事実も，名詞化には，完全に規則的な名詞化（動名詞的名詞化）とそうでない名詞化（派生名詞化）があるということを示している．

このような事実から，動名詞的名詞は統語部門での名詞化規則の適用によって作られ，派生名詞は語彙部門で作られレキシコンに登録されているとする考え方が提案されることになる（この観察がなされる以前の初期の生成文法理論においては，名詞化を含むすべての変形規則が統語部門での操作として扱われていた）．**派生形態**（derivational morphology）（の一部）を統語部門ではなくレキシコンで扱うとする考え方は**語彙論的仮説**（lexicalist hypothesis）と呼ばれる（Chomsky 1970）．屈折は，文法規則による語の変化のため，屈折を語彙部門で扱わないとする語彙論的仮説は**弱い語彙論的仮説**（weak lexicalist hypothesis）と呼ばれる（Anderson 1982）．これに対して，屈折も（派生と同様に）レキシコンで扱うとする考え方もあり，この考え方は，**強い語彙論的仮説**（strong lexicalist hypothesis）と呼ばれる（Selkirk 1982, Di Sciullo and Williams 1987）．また，派生と屈折の形態を別々の部門（語彙部門と統語部門）で扱うとする考え方は，**分割形態論仮説**（split morphology hypothesis）と呼ばれる（Perlmutter 1988）．

なお，屈折は，たとえ語彙部門で扱われたとしても，認可されるのは統語部門であるために，屈折した語を語彙部門で作るとしても，**屈折形態**（inflectional morphology）や屈折にかかわる規則は必然的に統語部門との関係において論じられることに注意する必要がある．さらに，屈折形態は，基本的に統語部門に帰属

するとしても，その具体的な取り扱いに関しては，2つの異なる考え方が可能である．1つは，屈折する語は一語として統語構造上に現れるという考え方，もう1つは，屈折部分と語基の部分は，表面上ひとまとまりになっているとしても，通常の語とは異なり，別々の統語位置に現れてよいとする考え方である．前者の考え方では，屈折する語は，そのままの形でレキシコンから統語構造の位置へ挿入されるとする．後者の考え方では，屈折の形態素は統語構造上基体の語とは離れた位置に現れるが，統語部門で一語になるとする．後者の立場をとる場合，屈折する語は，統語部門で作られるということになるので，**統語的な接辞付加**（syntactic affixation）を認める立場をとることになる．さらに，統語部門で屈折が扱われるという考え方は，統語の後に形態的な調整をする場所があるという考え方（たとえば，統語の規則がかかった後で形態的な調整がなされるとする**極小主義プログラム**（minimalist program）（Chomsky 1995）や分散形態論（distributed morphology）（Halle and Marantz 1993）の考え方）につながっていくことになる．

(30) 統語構造 ⇒ 形態 ⇒ 音声表示

結局，これは最終的に音声表示をする前に統語構造が形態的な調整を受けるということで，語という概念がかなり拡張されることになる．この考え方の利点は，統語では一語になっていない要素が音声的に一語として具現化する現象を説明できることである．特に，膠着言語の日本語では，統語的に独立した要素が形態的には一語として具現化されることが多いので，この見方は有効であるかもしれない．

2.3.3 統語部門と語彙部門をまたぐ語の形成

語を厳密に語彙部門だけで扱おうとする考え方では，語は原則的に統語からはアクセスできないはずである．しかしながら，語形成の現象をよく観察してみると，句や文がもとになって語彙が形成されたものが，少なからず見つかる．ここでは，その主なもの（句複合語，イディオム，接語，編入）をとりあげる．

レキシコンが統語部門の前に存在すると仮定すると，レキシコンで登録されている語からは，句の要素や文法要素が基本的に排除されるはずである．この予測に反して，英語では，a run-of-the-mill argument（ありふれた議論），a hard-to-find manuscript のような**句複合語**（phrasal compound）が存在する．ただし，このタイプの複合語は，それほど生産性が高いわけではない．日本語においても，

「気をつけ!」や「気をつけをする」のような表現の中に現れる「気をつけ」は全体が一語になっていると考えられるが，それでもその表現の中には，統語で認可されるはずの対格の「を」が含まれている．この例では，「気をつけ」という統語部門で作られた分析的な表現が，**語彙化**（lexicalization）することによって，一語と見なされるようになり，レキシコンに登録されたと考えることができる．

また，語形成（派生）の接辞は，拘束形態素で，語より小さいレベルの要素に付加するのが普通であるが，統語のレベルにおいても付加されるものが日本語にはいくつかある．たとえば，「-用」や「-的」という接辞は，通常，「誤用」「教師用」「人的」「合理的」のように，語根・語基（あるいは語幹）と組み合わせて複雑な語を作ることが多いが，「[言語学をまったく知らない人]用の解説書」や「[私はまったく関知しない]的な発想」のように文に接辞がついて派生が起こることがある．統語レベルで作られるこのような表現は，必ずしも語彙として登録されているとは限らず，接辞を統語部門において，創造的に使用していると考えることができる．

次に，イディオムは，一般に語の並びが決まって特定の意味を表すという特徴がある（たとえば，kick the bucket（死ぬ）を*kick the pail とするとイディオムにならない）．イディオムには，語として完全に固定化し，統語操作が適用できないものがある（たとえば，He kicked the bucket. から受身の*The bucket was kicked (by him). を派生したり，「油を売る」から受身の「*油が売られる」を派生することはできない）．このようなタイプのイディオムは，レキシコンにそのまま1つの語彙として登録されていると考えることができる．しかし，その一方で，イディオムの中には，統語操作が可能なものがある（たとえば，He broke the ice. からは受身の The ice was broken. を派生できる．また，「議論に水を差す」からも受身の「議論に水が差される」を派生することができる）．このような場合には，イディオムは，まとまった意味を持つものとしてレキシコンに登録されていても，統語構造上は，内部要素が可視的な形（つまり，内部要素が統語から見える状態）で投射されなければならない．

最後に，統語レベルでの語形成としてしばしば言及されるのが，**接語化**（cliticization）と（統語的な）**編入**（incorporation）である．接語化は，ゲルマン語やロマンス語などで，（弱形の）代名詞がそれ自体自由形態素として働かず，動詞などの隣接する要素に付加される現象である．英語では，音声的に弱く発音される助

動詞が接語のような働きをする（I'd like to go there. など）．また，編入は，目的語などが統語的な機能を保ったまま動詞などの語の一部として現れる現象である．編入では，通常，パラフレーズできる分析的な形が存在する．日本語では，動名詞が「する」と結びついて一語となる現象に統語的な編入がかかわるとしばしば議論される．実際，動名詞は，「する」と一体化した形式と「する」とは直接結合しない形式が並立することが多い（たとえば，「旅行をする」と「旅行する」）．また，「旅行する」は，「-方」による名詞化の操作を行うと「*旅行し方」ではなく「旅行のし方」のような分離した形で現れることから，一語としてレキシコンに登録されているわけではないことがわかる．そうすると，「旅行する」は，動名詞が統語のレベルで「する」に編入され，派生されたと考えることができる．

より深く勉強したい人のために

- Harley, Heidi (2006) *English Words*, Oxford: Blackwell.
  英語の語彙に関する現象をさまざまな方面から検討している．語の研究がどのような現象を射程に行われているかが簡潔に紹介されている．
- 影山太郎（1993）『文法と語形成』ひつじ書房．
  日本語の語形成を体系的に扱った本．中・上級者向き．
- 大石強（1988）『形態論』開拓社．
  英語の形態論を，理論的な発展を概観しながら解説している．中・上級者向き．
- Lieber, Rochelle (2010) *Introducing Morphology*, Cambridge: Cambridge University Press.
  語形成や語の形態に関する解説をした入門書．非常にわかりやすくかつ簡潔に書かれている．
- Spencer, Andrew (1991) *Morphological Theory*, Oxford: Blackwell.
  生成文法の理論的な見地から，形態論をわかりやすく解説している．

演習問題

1. 次の複合語がどのような階層構造をなしているか，図示しなさい．これらの複合語には複数の構造を与えることが可能なので，構造の違いによって，それぞれがどのような解釈になるかも考えなさい．なお，日本語の例では，便宜上，斜線が自立語の境界を表すと考えて，これより細かい形態素の分割はしないことにする．
    a. overseas tax office

b. 女性／週刊誌／編集長
2. 英語の接頭辞 un- は，それが付加される範疇が 1 つに限られるわけではない．具体例を探して，どのような範疇の語に付加できるかを考えなさい．その上で，この接頭辞が範疇によってどのような意味を持つのかについて考えなさい．
3. 日本語では，動詞と「物」を組み合わせて少なくとも 2 種類の名詞句を作ることが可能である（たとえば，連用形動詞「食べ」と「物」を組み合わせた「食べ物」と連体形動詞「食べる」（終止形と同形）と「物」を組み合わせた「食べる物」）．「冷蔵庫に｛食べ物／食べる物｝がない」という表現は，たまたま同じ状況を指せるものの，2 つの表現には，文法上大きな違いがみられる．この 2 つのタイプの名詞句の構造の違いと，そこからくる文法上の振る舞いの違いについて考察しなさい．

文 献

伊藤たかね・杉岡洋子（2002）『語の仕組みと語形成』研究社．
影山太郎（1999）『形態論と意味』くろしお出版．
Allen, Margaret (1978) *Morphological Investigations*, Ph.D. dissertation, Storrs: University of Connecticut.
Anderson, Stephan R. (1982) "Where's morphology?" *Linguistic Inquiry* 13, 571-612.
Anderson, Stephen R. (1992) *A-Morphous Morphology*, Cambridge: Cambridge University Press.
Aronoff, Mark (1976) *Word Formation in Generative Grammar*, Cambridge, MA: MIT Press.
Aronoff, Mark and Kirsten Fudeman (2005) *What Is Morphology?* Malden, MA: Blackwell.
Burzio, Luigi (1986) *Italian Syntax: A Government and Binding Approach*, Dordrecht: Reidel.
Booij, Geert (2012) *The Grammar of Words*, 3rd ed., Oxford: Oxford University Press.
Chomsky, Noam (1970) "Remarks on Nominalization," in Jacobs A. Roderick and Peter Rosenbaum (eds.) *Readings in English Transformational Grammar*, Waltham, MA: Ginn, 184-221.
Chomsky, Noam (1981) *Lectures on Government and Binding*, Dordrecht: Foris.
Chomsky, Noam (1995) *The Minimalist Program*, Cambridge, MA: MIT Press.
Di Sciullo, Anna Maria and Edwin Williams (1987) *On the Definition of Words*, Cambridge, MA: MIT Press.
Halle, Morris and Alec Marantz (1993) "Distributed Morphology and Pieces of Inflection," in Hale Ken and Samuel Jay Keyser (eds.), *The View from Building 20: Essays in Linguistics in Honor of Sylvian Bromberger*, Cambridge, MA: MIT Press, 111-176.
Haspelmath, Martin (2002) *Understanding Morphology*, London: Arnold.
Kageyama, Taro (1982) "Word Formation in Japanese," *Lingua* 57, 215-58.
Perlmutter, David (1978) "Impersonal Passives and the Unaccusative Hypothesis," *BLS* 4, 157-189.
Perlmutter, David (1988) "The Split Morphology Hypothesis: Evidence from Yiddish," in Michael

Hammond and M. Noonan (eds.) *Theoretical Morphology: Approaches in Modern Linguistics*, San Diego: Academic Press, 79-100.

Postal, Paul (1969) "Anaphoric Islands," *Papers from the Fifth Regional Meeting of the Chicago Linguistic Society*, 205-239.

Roeper, Thomas (1987) "Implicit Arguments and the Head-Complement Relation." *Linguistic Inquiry* 18, 267-310.

Roeper, Thomas and Muffy Siegel (1978) "A Lexical Transformation for Verbal Compounds," *Linguistic Inquiry* 9, 199-260.

Siegel, Dorothy (1974) *Topics in English Morphology*, Ph.D. dissertation, MIT.

Selkirk, Elizabeth (1982) *The Syntax of Words*, Cambridge, MA: MIT Press.

Wasow, Thomas (1977) "Transformations and the Lexicon," in Adrian Akmajian, Peter Culicover and Thomas Wasow (eds.) *Formal Syntax*, New York: Academic Press, 327-360.

Williams, Edwin (1981a) "On the Notions 'Lexically Related' and 'Head of a Word'," *Linguistic Inquiry* 12, 245-274.

Williams, Edwin (1981b) "Argument Structure and Morphology," *The Linguistic Review* 1, 81-114.

第3章 派生形態論

高橋勝忠

　我々は語の意味がわからないとき辞書を引く．辞書の中には語の意味や発音や品詞など実際に使用する際に有益な情報が記載されている．我々の頭の中にある辞書は**心的辞書**（mental lexicon, 以後「辞書」と略す）と呼ばれる．母語話者の**言語能力**（linguistic competence）には，語の結びつきを理解させ，「辞書」に登録された語や接辞を基にして新しい語を生成させる働きがあると言われている．たとえば，日本語の母語話者であれば「古本屋」は「古い本屋」ではなくて「古本を扱う店」であることを知っている．同様に，英語の母語話者であれば unkindness は unkind に -ness が結合したのであって kindness に un- が結合したのではないということを知っている．また，日本語の母語話者は「-さ」や「-み」の接尾辞が形容詞（e.g.「強い」→「強さ」「強み」）に結合することや，「-さ」に関してのみ言えることだが最近の語の「ナウい」「きもい」にも付加する造語性があることや（i.e.「ナウさ」「きもさ」cf.「*ナウみ」「*きもみ」），さらにその場限りに用いる**臨時語**（nonce word）や形容動詞の語幹の外来語（e.g. この酒はたもい→この酒のたもさ（*たもみ）に感激した．ユニークさ（*み）．用例は，島村 1995: 74 より．伊藤・杉岡 2002 も参照のこと．）にも「-さ」は付加できる造語力を持っていることを知っている．

　本章では，日常生活で何気なく使用されている語の構造に着目し，語と接辞の関係を考察しながら，我々が知っている語の知識とはどのようなものかを検討していく．特に，本章では，**派生形態論**（derivational morphology）を考察の対象にして，既存の語を基にして新たに形成される「派生・転換・複合」による3つの諸現象に絞って話を進めることにし，既存の語を短くする短縮語や省略語などは考察の対象にしないでおく．

　一見すると語というのは最小の単位に見える．たとえば，日本語の外来語としての「ビジネス」はこれ以上には分割できない語と見なされる．しかし，英語にすると business であり，この語は busy と -ness から形成されていることに気づく．なぜなら，英語の母語話者であれば coolness, firmness, sadness のような語か

ら -ness は形容詞の**基体**（base）に付加するのではないかと直観的に予測がつくからである．我々の頭の中の言語知識もこのような規則性に基づいて構築される．ただし，business「ビジネス」は日常茶飯に使用され，その内部の構造が見えないほど**語彙化**（lexicalization）されているものと考えられる．

一方，語が複雑になっても，英語の母語話者は unexceptionally の語を**合成的**（compositional）に捉えることが可能で，その単語が作りとして un-, except, -ion, -al, -ly の 5 個の**形態素**（morpheme）によって構成されるミクロの世界があることを認識する．unexceptionally は形態的には except「除外する」の基体に 4 つの**接辞**（affix）を付加することによって**派生**（derivation）されるので**派生語**（derivative word）と呼ばれる（3.1 節で詳述）．

語の形成方法として接辞を基体に付加する派生とは異なり，基体に接辞を付加させないで新しい語を生成する方法がある．たとえば，bread は一般的には「パン」と言う名詞であるが，辞書には動詞の意味として「～にパン粉をまぶす」が含まれる．この場合に，bread 自体の形に変化は生じていない．したがって，形を変えないで品詞が名詞から動詞に変化していることになる．このように名詞 bread の形を変えることなく動詞の意味を持つように変化させる過程を**転換**（conversion）という（3.2 節で詳述）．

語形成（word formation）の出発点となる構成単位は，mountain「山」, road「道」, map「地図」のような単独の基体で，**単純語**（simple word）と呼ばれる．mountain road「山道」, road map「道路地図」のように単純語と単純語を合成すると**複合語**（compound word）が形成される．mountain road は mountain road map に「山道」は「山道地図」に，それぞれの複合語をもとに単純語を付加してさらに大きな複合語を形成することができる（3.3 節で詳述）．

本章では，このような「派生・転換・複合」の諸現象を英語と日本語の諸例を比較しながら見ていく．

3.1 派　　　生

3.1.1　派生のメカニズム

派生語は形態素を結合して形成されることを上述したが，厳密に言うと形態素には 2 種類があり，単独で単純語として存在する場合と単独では単純語にはなら

ない場合がある．前者は**自由形態素**（free morpheme）と呼ばれ，後者は**拘束形態素**（bound morpheme）と呼ばれる．両者は意味を持つ最小の単位ということで共通である．派生語の**語形成過程**（word formation process）は自由形態素に拘束形態素を付加する形で行われる．拘束形態素はそれ自体で存在できないので単純語の存在が語形成過程の前提になる（以降，**接尾辞**（suffix）を表すのに拘束形態素の前にハイフン（-）を，**接頭辞**（prefix）を表すのに拘束形態素の後ろにハイフンを付けることにする）．

(1) a. 英語の自由形態素：except, bread, mountain, road, map, climb
　　b. 英語の拘束形態素：un-, -ion, -al, -ly, -ing

(2) a. 日本語の自由形態素：山，道，ハイキング，登り
　　b. 日本語の拘束形態素：-化，-性，-的，お-，不-，無-，非-

接頭辞・接尾辞は出発点として自由形態素の語根の基体に添加して派生語を生成させる（3a）．さらに，その派生語は別の接辞を付加しながら**形態的に複雑な語**（morphologically complex word）の基体となって派生を促す（3b, c）．

(3) a. <u>intend</u> + tion = intention
　　　　語根 = 基体
　　b. <u>intention</u> + al = intentional
　　　　基体（形態的に複雑な語）
　　c. <u>intentional</u> + ly = intentionally
　　　　基体（形態的に複雑な語）　　　　　　　　　　　（高橋・福田 2001: 17）

接辞が基体に付加する過程を**接辞付加**（affixation）という．接辞付加は右方向へ伸びる**接尾辞付加**（suffixation）と左方向へ伸びる**接頭辞付加**（prefixation）があり，一般的に接尾辞付加が接頭辞付加より長くなる．なぜなら，接尾辞付加は基体の品詞変換を**繰り返し**（recursively）適用しながら新しい派生語を生み出す傾向が強いからである．一方，接頭辞付加は通常品詞変換を引き起こさないので，せいぜい2つか3つの接頭辞が基体に付加されるにすぎない．

(4) a. anti ← dis ← establish → ment → arian → ism（国教廃止条例反対論）
　　　　接頭辞付加　　基体　　接尾辞付加　　　　　　　（Halle 1973: 3）
　　b. physic → al → ist → ic → al → ist
　　　　基体　　接尾辞付加　　　　　　　　　　　　　　（Chapin 1970: 60）

もちろん言語には例外は付きものである．接頭辞であっても基体の品詞変換を

引き起こすものや，接尾辞であっても品詞変換を引き起こさないものがある．

(5) a. enable, encage（en- は形容詞 able や名詞 cage の基体の品詞を動詞に変換させ，「可能にさせる」「（鳥などを）籠に入れる」の意味に変える）

　　b. childhood, friendship（-hood, -ship は child や friend の基体の品詞変換を引き起こさないが，「子供時代」「友情」という抽象的な意味に変える）

以下に，英語と日本語の基本的な接辞の品詞変換の流れをリストアップしておく（(6)〜(9) の a. は接辞が品詞変換を引き起こす例で，b. は品詞変換を引き起こさない例を示す．基体に下線を引いている．）．

(6) a. 英語の接頭辞：be-<u>foul</u>（形容詞「汚い」から動詞「汚す」）
　　　　　　　　　de-<u>frost</u>（名詞「霜」から動詞「霜を取る」）
　　　　　　　　　out-<u>brave</u>（形容詞「勇敢な」から動詞「勇敢に立ち向かう」）

　　b. 英語の接頭辞：co-<u>operate</u>（動詞「働く」から動詞「協力する」）
　　　　　　　　　counter-<u>argument</u>（名詞「議論」から名詞「反論」）
　　　　　　　　　over-<u>busy</u>（形容詞「忙しい」から形容詞「過度に忙しい」）
　　　　　　　　　semi-<u>active</u>（形容詞「活発な」から形容詞「半活発な」）
　　　　　　　　　super-<u>man</u>（名詞「男」から名詞「超人」）
　　　　　　　　　un-<u>lucky</u>（形容詞「幸運な」から形容詞「不運な」）

(7) a. 英語の接尾辞：<u>speak</u>-er（動詞「話す」から名詞「話し手」）
　　　　　　　　　<u>class</u>-ify（名詞「類」から動詞「分類する」）
　　　　　　　　　<u>god</u>-ly（名詞「神」から形容詞「神聖な」）
　　　　　　　　　<u>happi</u>-ly（形容詞「幸福な」から副詞「幸福に」）
　　　　　　　　　<u>kind</u>-ness（形容詞「親切な」から名詞「親切」）
　　　　　　　　　<u>trouble</u>-some（名詞「困難」から形容詞「困難な」）

　　b. 英語の接尾辞：<u>mountain</u>-eer（名詞「山」から名詞「登山家」）
　　　　　　　　　<u>lion</u>-ess（名詞「ライオン」から名詞「雌ライオン」）
　　　　　　　　　<u>book</u>-let（名詞「本」から名詞「小冊子」）

(8) a. 日本語の接頭辞：非-<u>常識</u>（な）（名詞「常識」から形容動詞，cf. *常識な）
　　　　　　　　　　不-<u>機嫌</u>（な）（名詞「機嫌」から形容動詞，cf. *機嫌な）
　　　　　　　　　　無-<u>責任</u>（な）（名詞「責任」から形容動詞，cf. *責任な）

　　b. 日本語の接頭辞：お-<u>菓子</u>（名詞「菓子」から名詞「お菓子」）
　　　　　　　　　　か-<u>弱い</u>（形容詞「弱い」から形容詞「か弱い」）
　　　　　　　　　　超-<u>満員</u>（名詞「満員」から名詞「超満員」）
　　　　　　　　　　非-<u>金属</u>（名詞「金属」から名詞「非金属」）

　　　　　　　　不-合格（名詞「合格」から名詞「不合格」）
　　　　　　　　未-発表（名詞「発表」から名詞「未発表」）
　　　　　　　　無-期限（名詞「期限」から名詞「無期限」）
(9) a. 日本語の接尾辞：笑い-方（動詞「笑う」の連用形から名詞「笑い方」）
　　　　　　　　歌い-手（動詞「歌う」の連用形から名詞「歌い手」）
　　　　　　　　経済-的（名詞「経済」から形容動詞「経済的」）
　　　　　　　　美し-さ（形容詞「美しい」から名詞「美しさ」）
　　　　　　　　男-らしい（名詞「男」から形容詞「男らしい」）
　　　　　　　　春-めく（名詞「春」から動詞「春めく」）
　　 b. 日本語の接尾辞：機械-化（名詞「機械」から名詞「機械化」）
　　　　　　　　人間-性（名詞「人間」から名詞「人間性」）
　　　　　　　　学生-たち（名詞「学生」から名詞「学生たち」）

　ここで注意しておかなければならないことは，(8) に見られるように日本語の「非-」「不-」「無-」は品詞を変換させる事例とさせない事例があるという点である．また，(7a) に見られるように godly, happily は表面的には同じ -ly 接辞化のように見えるが，基体はそれぞれ「名詞」「形容詞」なので，**同音の**（homophonous）別の接尾辞が関与しているという点である．同様に，(6b) の unlucky は un- 接頭辞が形容詞の基体に付加する例だが，un- が動詞の基体に付加する unlock「鍵を外す」や unbutton「ボタンを外す」のような事例とは別の接頭辞として捉えられる．他にも，sizable「かなり大きい」，acceptable「容認できる」は -able で共通の接尾辞に見えるが，基体は名詞 (size) と動詞 (accept) で異なり，これらは別の接辞として捉えられる (Aronoff 1976: 48)．

　unlock は表面的には動詞を否定するように見える．しかし，語彙概念としては基本動詞の結果状態の部分を否定しており (i.e. BE [NOT-AT-LOCKED])，unhappy などの形容詞に un- が付加する場合と同じであることがわかる (i.e. BE [NOT-AT-HAPPY])．したがって，意味的には unlock も unhappy も結果状態の否定という統一的な捉え方ができる（影山・由本 1997: 60）．このようにすれば他の同じ形態の異なる接辞に関しても語彙概念構造で統一的に表示できる可能性が拓かれる．

3.1.2 派生語の諸制約
a. 統語的・意味的制約

前述したように派生語は基体に接辞を付加して生成される．un-kind-ness の派生は (10b) のように unkind に -ness が付加したのであって (10a) のように kind-ness に un- が付加したのではない．しかし，なぜ (10a) の分析は不可能なのだろうか．線形的に捉えるとどちらの分析も不自然には見えない．どのような制約が unkindness の派生語形成に働いているのだろうか．

(10) a. un + kindness　　b. unkind + ness

ここで見極めないといけないのは派生語の作りは形態素がただ単に横に並んでいるだけではないという点である．Lieber (2010: 37) の言葉を借りると派生語は表面的にはネックレスのように見えるが，実は玉ネギ (onion) のように最も深い内側から一番外側に層になって形成されている (onions are made up of layers from innermost to outermost)．すなわち，(11) でいうと下から上に向かって，どの接辞がどの基体と結び付くかの情報を踏まえた**階層的** (hierarchical) 構造になっている．

(11)

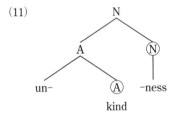

(11) の樹形図において，A は**形容詞** (adjective) で，N は**名詞** (noun) を表す．接辞の品詞を決定する方法として Selkirk (1982) や Lieber (1980, 1983) の**素性浸透** (feature percolation) の方法もあるが，ここでは Williams (1981) の**右側主要部の規則** (right-hand head rule) に従って，unkind の品詞は kind の形容詞 (Ⓐ) によって決定され，unkindness の全体の品詞は -ness の名詞 (Ⓝ) によって決定されると仮定しておく．したがって，unkindness の派生語形成には，un- や -ness がどの範疇 (＝品詞) の基体を選択するかを取り決めた (12) の**厳密下位範疇化素性** (strict subcategorization feature) の情報が心的辞書の記述として必要になる．

(12) a. un-:　　 [+＿＿A] → A　(cf. unlock は [+＿＿V] → V となる)
　　 b. -ness: N　[+A＿＿] → N

厳密下位範疇化素性は元来，統語論で用いられた概念であり，形態論においても接辞の生ずる環境を示すことができると考える．具体的に言うと，(12a) は un- が右側に形容詞 (A) の基体を**範疇的選択**（category selection: c-selection）し，添加後（→）の品詞は右側主要部の規則に従い形容詞 (A) になることを示す．したがって，un- 自体には品詞を決定する能力がない．一方，(12b) は -ness が左側に形容詞 (A) の基体の範疇的選択をし，付加後の品詞は右側主要部の規則に従い名詞 (N) になることを示す．したがって，-ness 自体に品詞を決定する能力があることを示す．

このようにして，unkindness の派生は (12) の下位範疇化素性の要請に従い，正しく接辞と基体を結合させることができる．一方，それに違反すると**不適格な** (ill-formed) 語を派生させるので，(12) の厳密下位範疇化素性は (13) のような派生を排除する働きもあると考える（厳密下位範疇化素性の詳細は西川 2006，高橋 2009 を参照のこと）．

(13) a. *unreligion (cf. unreligious)，*unhope (cf. unhopeful)
　　 b. *kindliness (cf. godliness)，*thoughtness (cf. thoughtfulness)

英語と同様に，日本語も (14) のような厳密下位範疇化素性の要請に基づいて派生語形成が行われると仮定する．しかし，現在の段階では日本語の接辞の厳密下位範疇化について包括的に述べたものがないので，Kageyama (1982)，影山 (1993) を参考にして部分的に示しておく．

(14) a. -的：AN，[+N＿＿] → A N (e.g. 論理的，社会的，cf. *簡単的，*複雑的)
　　 b. -さ：N [+A or AN＿＿] → N (e.g. 賢さ，愚かさ，力強さ，cf. *力さ，*飲みさ)
　　 c. 無-：[+＿＿VN or N] → AN，N (e.g. 無意識的 (な)，無気力 (な)，無期限；cf. *無意識 (的) する，*無提出する，*無提出期限)

(14a) において，「-的」は左側に名詞 (N) の基体を範疇的選択し，品詞を名詞から**形容名詞**（＝いわゆる形容動詞の語幹）(adjectival noun: AN) に変える（影山 1993: 23）．ただし，「簡単 (な)」「複雑 (な)」の形容動詞語幹は「-的」の基体になれない（高橋 2009: 134）．

(14b) において，「-さ」は左側に形容詞 (A) と形容動詞 (AN) の基体を範疇的選択する．また，語根と語根を合わせた複合語化した語幹 (i.e. 力強い，影山 1993: 20) には「-さ」が付加できる（力強さ(cf. 強み，*力強み))．しかし，「*力さ」

「*飲みさ」が示すように「-さ」は名詞や動詞を基体として選択できない.

(14c) において, VN は Martin (1975) が日本語に導入した**動名詞**(verbal noun: VN) の範疇を示す. 簡単に言うと動名詞とはサ変動詞の「する」が後に付加できるような名詞のことである (e.g.「意識」する,「提出」する).「無-」は右側に動名詞か名詞 ((8)参照) を範疇的選択し, 形容名詞ないし名詞にする.

「*無意識する」「*無提出する」(cf. *未提出する) が不適格になるのは,「無-」のような否定語が付くと, もともと名詞・VN 双方の用法がある動名詞, (たとえば「意識」) に「無-」が付加した段階で, VN としての地位を失い,「する」の付加が不可能になる (cf. 加藤・吉田 2004: 72). また,「*無提出期限」の派生を排除するのは「無-」は「期限」のような基体に付加して「提出期限」のような複合語には付加しない制約があるからである (Kageyama 1982: 227). しかし,「無生物状態」や「無賃乗車」のような表現を考慮すると,「無-」は意味的には 4 字漢語の前半部分を否定し, そのことを踏まえると「*無提出」が不自然になることが「*無提出期限」の不適格性につながると思われる. 面白いのは「未提出」という表現がありながら「*未提出期限」とは言わない. この場合は提出しないのに期限などありえないから, 意味的に排除されると考えておく.

先に示した (9a) の「-手」も意味的な制約がある.「-手」の接尾辞は動詞の連用形に添加したのであるが, この動詞はどんな動詞でも可能というわけではない. 状態動詞は「-手」の基体にはなれない (e.g. *でき手, *分かり手). 人が自分の意思でコントロールできるような行為動詞 (e.g. 書き手, 読み手) に限られる (Tsujimura 1996: 150). 英語の -er 名詞も似た制約が働く (e.g. *understander, *resembler).

意味的な制約が派生語に働くのは英語にも見られる. un- 接頭辞の 2 つのケースを紹介したい. 1 つは形容詞の基体を取る un- 接頭辞に関係する. un- は (15a) に見られるように肯定的な意味内容を持つ形容詞の基体に付加する一方, (15b) のように否定的な意味内容を持つ形容詞の基体には付加しない (Katamba 1993: 79).

(15)　a.　unwell　　　　b.　*unill
　　　　　unloved　　　　　　*unhated
　　　　　unhappy　　　　　　*unsad
　　　　　unwise　　　　　　　*unfoolish

unclean   *undirty
unoptimistic   *unpessimistic

もっとも，これには unselfish や unhostile といった例外が存在する．もう 1 つは動詞の基体を取る un- 接頭辞に関係する．Lieber (2010: 36) によると，この un- は「結果を含意する動詞に付加して，結果を含意しない行為動詞には付加しない」と言われている．ただし，結果は結果でも一時的な結果をもたらす場合で，永久的（permanent）な結果を含意するような場合は排除される．したがって，(16b) の explode「爆発する」の場合は，何かが爆発により半永久的に台無しになるという永久的な結果をもたらす含みがあるので unexplode は排除される．

(16) a. untie   b. *undance
     unwind   *unyawn
     unhinge   *unexplode
     unknot   *unpush

他方，(16a) における tie「（ロープなどを）結ぶ」，wind「（糸などを）巻く」，hinge「ちょうつがいを付ける」，knot「（ひもなどを）結ぶ」の基体の動詞は，一時的な結果状態をもたらす意味を持ち，un- 接頭辞の基体の意味制約を満たすので正しく派生される．

ここまで派生語に課せられる統語的・意味的な制約を見てきた．次には語源的（日本語の場合は語種的）制約について述べてみよう．

b. 派生語の語源的・語種的制約

接辞は言語の歴史を反映している．英語は**ノルマン征服**（Norman Conquest, 1066）以降約 300 年間はフランス語の影響を受ける．ギリシア語やラテン語も**初期近代英語**（Early Modern English）の時期からも多くの語彙が借用され，英語の中に入ってくる．ラテン語やギリシア語からフランス語に入り，その後英語となった接辞もある（e.g. -ism, -ist）．本来，英語という言語はゲルマン系（Germanic）なので接辞化においてゲルマン系接辞と，ロマンス系（Romance）やギリシア系（Greek）の接辞は区別される．Carstairs-McCarthy (2002: 107) の表を見て接辞の系列の違いを確認してみよう（一部の接辞は省略している）．

(17) Germanic   Romance or Greek
     -ish   -((a)t)ion   -ism
     -ed   -(i)an   -ist

3.1 派生

-en	-(i)fy	-ment
-er	-al	de-
-hood	-ance, -ence	dis-
-let	-ent, -ant	
-ship	-ess	
-y	-ette	

一般的に，(18) にみられるようにロマンス系やギリシア系の接辞は自由形態素と同時に拘束形態素 にも付加できる（形態素の概念については 3.1.1 項参照）．他方，(19) にみられるようにゲルマン系の接辞は自由形態素にしか付加できない（他の接辞についても同じことが言えるかどうか辞書で確かめてみよう）．

(18) Romance or Greek
    a. 自由形態素：Christ-ian（キリスト教徒），Iran-ian（イラン人）
                flat-ette（小さなアパート），novel-ette（短編小説），
                behavior-ism（行動主義），terror-ism（テロリズム）
    b. 拘束形態素：vegetar-ian（*vegitar），
                ari-ette（小詠唱，*ari），pochette（ポシェット，*poch）
                de-ism（理神論，*de），fasc-ism（ファシズム，*fasc）

(19) Germanic
    a. 自由形態素：London-er（ロンドン子），writ-er（作家）
                 boom-let（小景気），cloud-let（小雲），plant-let（苗木）

ゲルマン系とラテン系（Romance と Greek の系列を合わせて使う）の接辞の区別は両者を組み合わせたときに派生を阻止するかどうかの決め手になるので重要である．Giegerich (1999: 12) によると，一般的に，(20a) に示すようにラテン系（Latinate: L）の接辞や基体のあとにはゲルマン系（Germanic: GE）の接辞を組み合わせることは可能だが，(20b) のようにゲルマン系の接辞や基体のあとにラテン系の接辞を組み合わせることはできない．

(20) a. tonic-ness, solemn-ly, contain-er, class-ifi-er, harmon-iz-er
       (L) (GE) (L) (GE) (L) (GE) (L) (L) (GE) (L) (L) (GE)
    b. *book-ic, *short-ity, *home-less-ity, *kind-ness-al (cf. govern-ment-al)
       (GE)(L) (GE)(L) (GE)(GE)(L) (GE)(GE)(L)   (L)   (L) (L)

次に，日本語の派生語における語種的な制限を見てみよう．基体の種類は漢語・外来語・和語・混種語に分けられる．たとえば，「-的」の接辞にはこれら 4 つの

種類の基体に付加される例が見いだされる．

(21) a. 漢語：具体的，科学的，抽象的，基本的，文化的など
　　 b. 外来語：マクロ的，メルヘン的，コペルニクス的など
　　 c. 和語：風見鶏的，鴇的，五月雨的など
　　 d. 混種語：ハト派的，地滑り的，汎アジア的など　　　　（高橋2009: 119)

ただし，(21c) の和語の基体に付加する例はほとんど生産性がなく，むしろ「-的」の制約として和語を取らないと解釈する方がよい．北原編 (2004: 74) には「お金的には不自由しない」「気持ち的には若いつもりだ」のような安易な「的」表現を使わない・使わせないことを目指したいということが示唆されている．また，和語が「-的」の基体にならないことは「的」の後ろの語種にもこの同じ制約が働くことからも窺える．

(22) *驚異的人（cf. 驚異的な人，驚異的人物），*魅力的国（cf. 魅力的な国，魅力的国家，*実用的話（cf. 実用的な話，実用的会話）　　（高橋2009: 129)

一般的に，日本語の接頭辞・接尾辞は漢語読みと和語読み（以降，漢語読みはカタカナ，和語読みはひらがなで表記する）を含む場合が多いので (e.g. 大 (大半「タイハン」，大豆「ダイズ」と大海原「おおうなばら」))，基体と接辞が組み合わされる際には基体と接辞の語種が一致する (23) のような制約があると仮定する．

(23) 派生語の語種制約：接辞の読み方として漢語読みと和語読みがある場合は派生語の基体と接辞において語種が一致しなければならない．

したがって，大豆は「おおまめ」とも「ダイズ」とも読めるし，大事は「おおごと」とも「ダイジ」とも読める．(23) の制約は大規模を「*おおキボ」と読んだり，大勝利を「*おおショウリ」と読んだりすることはできない．逆に，大金持ちを「*タイかねもち」や「*ダイかねもち」とは読めない．大を「おお」で和語読みするときは，「大助かり」「大芝居」のように基体も和語でなければいけない．ただし，和語と漢語が混ざった混種語の「大親分」「大風呂敷」の例（佐山1986: 36) や大地震を「おおジシン」(cf.「ダイジシン」) や大八車を「ダイハチぐるま」と読める，いわゆる国語学などでは「重箱読み」と「湯桶読み」と呼ばれる例外は見つかる．一見すると，「聞き上手」「物まね上手」や「取り調べ用」「山歩き用」は「-上手」「-用」が漢語なので (23) の反例に思われるかもしれないが，これは「-上手」「-用」の下位範疇化に沿った選択で，「-上手」は動詞や動名詞

を基体に取り,「-用」は名詞や動名詞を基体に取る範疇的選択 (3.1.2 項の a. を参考のこと) に従ったからである (cf.「*歌上手」「*食べ用」,影山 1993: 29-30).「-者」についても和語読みの「もの」と漢語読みの「シャ」「ジャ」がある (e.g.「田舎者」「科学者」「賢者」).「大-」と同じように (23) の語種制約が働くのを確認してみよう (e.g.「働き者」「労働者」). ただし, (23) の語種制約は和語や漢語が複合語として外来語と結合するときには一致はみられない (e.g. 板チョコ, ガラス窓, 石油ストーブ, タオル地. Tsujimura 1996: 151).

3.2 転　　換

3.2.1 転換のメカニズム

基体に接辞を付加して派生させる派生語とは異なり,基体に何も付加せずにそのままの形で基体の品詞を変換させる転換という派生方法がある. Allen (1978: 273) に従うと,転換はゼロ (φ) の接尾辞を付加した派生過程として捉え,転換はゼロの接辞が品詞変換を起こしたプロセスという見方(**ゼロ派生**(zero derivation))もできる (e.g. [[gesture] $_N$ φ] $_V$). そう捉えると転換は派生に含めて考えることができるかもしれないが,この点は追及せず本節では派生とは別個のものとして転換現象を見てみよう.

日本語の転換は (24a) のように動詞の連用形が単独で名詞化される事例と, (24b) のように複合語の中で動詞の連用形が名詞化される事例の二通りに見られる.

(24) a. 走り, 泳ぎ, 稼ぎ, 覚え, 望み, 通り, など
　　　b. 小走り, 平泳ぎ, 荒稼ぎ, 見覚え, お望み, 裏通り, など

(24a) のような単独の動詞連用形が名詞化される場合はどんな動詞でも名詞化されるのではない. たとえば,「*探し」「*出し」は単独では用いられず「粗探し」「宝探し」「持ち出し」「貸出し」のように複合語の中で動詞連用形が使用される. ここで注意しなければならないのは,動詞の連用形が「探し<u>ます</u>」「探し<u>たい</u>」「出し過ぎ<u>る</u>」のように,「丁寧」を表す助動詞「ます」や「願望」を表す助動詞「たい」と共起する場合や, 複合動詞の後部要素として現れたりする場合は複合語ではなく文中での表現になる点である. 寺村 (1984: 23) で指摘されているようにこれらは語幹 (stem) に加えられ, 抽象的なコトを, 話し手が具体的, 現実的な発

話として持ち出すムード的な働きをする文の要素であり，複合語と同一視されるべき要素ではないということである．現に，「探しました」「探したかった」「出し過ぎた」のように過去形で表現できることからも下線部が文の要素として機能していることがわかる（語と文の違いについては 3.3.2 項でも述べる）．

動詞連用形は転換が生じると (25) に見られるように主語（ガ格），主題（ハ格），目的語（ヲ格）をとるので，基本的には名詞の働きをしていると言える．

(25) a. 孫がやっと泳ぎを覚えた．
　　 b. うろ覚えは失敗のもとだ．

動詞から名詞に転換する (25) のような転成名詞の意味はどのように捉えたらよいだろうか．明らかに動詞の意味と転成化される名詞とでは意味が違う．たとえば，「話(し)が早い」には「話すのが早い」という意味と「物事が円滑に進む」という意味の二通りがあるが，「話(し)が遅い」には「物事が停滞する」という意味はない．同様に，「話が遠い」「話が噛み合わない」と言うが，「*話が近い」「*話が食い合わない」とは言わない．このように動詞連用形名詞の意味は後に来る述部（形容詞や複合動詞）によって文中の解釈が異なったり使えなかったりする（高橋 2011: 31）．したがって，「話す」「話し」を解釈する場合，単語の解釈ではなくて文中での解釈が重要である．また，人間は使用される文における１つ１つの単語の意味を習得するとは考えられないので，概念的な意味のグループにまとめた捉え方が文との関係を捉える上で重要になる（この節の最後で語彙概念構造に基づいた分析を紹介する）．

次に英語の転換について見てみよう．英語の転換現象は大石 (1988: 175) によると (26) の 4 パタンを基本としてほとんどの転換の事例が説明できるとしている．実際のところ，他のパタンとして，生産性の低い動詞 (V) から形容詞 (A) への転換（e.g. associate「仲間の」）と名詞 (N) から形容詞 (A) への転換（e.g. brick「煉瓦造りの」）が含まれる（並木 1985: 70-71）．本節では，特に (26a) の名詞から動詞に転換する（名詞転換動詞と呼ぶ）事例と，(26c) の動詞から名詞に転換する（動詞転換名詞と呼ぶ）事例を見る．また，名詞転換動詞がもとの名詞の意味から動詞に変化するときにどのような意味関係が文中で見られるかについて Clark and Clark (1979) の議論を参考に記述し，それを語彙概念構造で捉えるとどのような辞書記述が可能かについて影山・由本 (1997)，影山 (1999) の分析を参考に解説する．

(26) a. N → V (e.g. garage「ガレージに入れる」, butter「バターを塗る」)
    b. A → V (e.g. calm「落ち着かせる」, empty「空にする」)
    c. V → N (e.g. bore「退屈させる人」, find「発見物」)
    d. A → N (e.g. daily「日刊紙」, creative「創造的な人」)

まず,名詞から動詞への転換により意味がどのように変化するのか見てみよう. Clark and Clark (1979) によると名詞転換動詞は次の8つのグループに意味を分類することができるとしている.

(27) a. Locatum verbs: Jane blanketed the bed.（ジェーンはベッドを毛布で覆った）
    b. Location verbs: Kenneth kenneled the dog.（ケニスは犬小屋に犬を入れた）
    c. Duration verbs: Julia summered in Paris.（ジュリアはパリで夏を過ごした）
    d. Agent and Experiencer verbs: John jockeyed the horse.（ジョンは騎手として馬に乗った）と Tom witnessed the accident.（トムは事故を目撃した）
    e. Goal verbs: Edward powdered the aspirin.（エドワードはアスピリンを粉にした）
    f. Source verbs: Mary pieced the quilt together.（メアリーは（布切れの）部分をつなぎ合わせてキルトにした）
    g. Instrument verbs: John bicycled into town.（ジョンは町へ自転車で行った）Tom planed the board.（トムはカンナで板を削った）
    h. Miscellaneous verbs: The car rear-ended the van.（車がトラックに追突した）

(27a) は blanket を目的語（the bed）の場所に置く解釈がある.つまり,「毛布」が「ベッド」に移動するということ.他には, carpet the floor（じゅうたんを床に敷く）の表現がある. (27b) は (27a) とは逆に, kennel に目的語（the dog）を入れる解釈がある.つまり,「犬」が「犬小屋」に移動するということ.他には, shelve the books（本を棚に置く）の表現がある. (27c) の duration verb は時間の広がり (a stretch of time) が必要で noon や midnight のようなある時間の一点 (points of time) を示す名詞は動詞に転換しない (e.g. *Jerome midnighted in the streets. *Andrea nooned at the restaurant. O'Grady and Dobrovolsky (eds.) 1995: 3). 面白いことに, summer と autumn と winter の語が名詞から動詞になるだけで spring（春）と fall（秋）の語は別の意味の動詞 (i.e. spring「跳ねる」, fall「落ちる」) が競合するので名詞転換動詞にはなれない. (27d) の jockey は競馬の騎手である.騎手として馬に乗ったのだから,動作主の解釈となる.他に, tutor the boys（家庭教師として男の子を教える）がある. Experiencer verb の例は少なく,

他に boycott the store（店の購買を拒否する）と badger the officials（役人たちを困らせる）の 2 例があるだけである．(27e) と (27f) は目的語（the aspirin）を粉状態（powder）に変える目標（Goal）の意味と，部分（piece）の源（Source）から目的語（the quilt）の状態に変える事例である．他に，前者は loop the rope（ロープを輪にする）など多数あり，後者は word the sentence carefully（言葉を選んで慎重に文にする）と letter the signature（文字を書いてサインをする）の 2 例のみである．(27g) は bicycle（自転車）を使って町に行った解釈となる．他に，planed the board（カンナで板を削った）の他動詞表現があり，plane（カンナ）を道具にしてある行為が行われている．(27h) は種々雑多なものが挙げられている．

(27) の中から，(27a)(27b)(27d)(27g) の locatum verb, location verb, agent verb, instrument verb の例を影山・由本 (1997)，影山 (1999) の語彙概念構造の分析に基づき，どのように名詞転換動詞が語彙概念構造の中で記載されるか検討してみよう．

影山・由本 (1997: 39)，影山 (1999: 92-94)，によると (27a) の locatum verb は「物体」と「材料」を合わせた物材動詞で，「A に B を供給する」provide の動詞と同じ働きがあると仮定する．「所有」や「所属」を表す「一体性」の概念で捉えられ (28a) のような語彙概念構造で記載できると考える（WITH は「所有・所属」を表し，[　]$_X$ には Jane が [　]$_y$ には the bed が入る）．

(27b) の location verb は「ある場所に何かを置く/入れる」の put や set の位置動詞と同じ扱いができるので，location verb の概念構造は (28b) のようになると考える（[　]$_X$ には Kenneth，[　]$_y$ には the dog が入る）．

(27d) の agent verb は「騎手として振舞う」の意味を持ち，「馬」の対象に働きかける動作主動詞の意味だから (28c) のように ACT ON「働きかけ」の意味述語が用いられる．影山・由本 (1997: 18) によると，(28c) の下線部は任意的な要素を表し，省略すると自動詞の場合が説明できる（[　]$_X$ には John, [　]$_y$ には the horse が入る）．

(28g) の instrument verb は乗物や道具を手段（BY-MEANS-OF）として移動（MOVE TO）や行為を行うこと（ACT ON）を意味するので，(28e) のように記述される（bicycle: [　]$_y$ には John [　]$_z$ には the town, plane: [　]$_X$ には Tom, [　]$_y$ には the board が入る）．

(28) a. blanket: [　]$_X$ CAUSE [BECOME [[　]$_y$ BE WITH-[BLANKET]$_Z$]]

b. kennel: [ ]$_X$ CAUSE [BECOME [[ ]$_y$ BE AT-IN-[KENNEL]$_Z$]]
   c. jockey: [ ]$_X$ ACT ON-[ ]$_y$ AS/LIKE [jockey]$_Z$
   e. bicycle: [ ]$_y$ MOVE TO-[ ]$_z$ BY-MEANS-OF-[BICYCLE]
      plane: [ ]$_X$ ACT ON-[ ]$_y$ BY-MEANS-OF-[PLANE]$_Z$

(28) は語彙概念構造のテンプレート（ひな形）で，もとの名詞を右端の意味述語の [ ] 項の中に埋め込むことにより名詞転換動詞の意味が引き出される．語彙概念構造はこのように意味述語と項により構成され，文中での統語的な意味関係を捉える上で形態論と統語論（あるいは意味論）とのインターフェイスを果たす．動詞が持つ個別の意味としてではなく，概念的にまとまった意味として辞書の中に指定される概念である．

同様に，動詞から名詞への転換も語彙概念構造のテンプレートを利用して記述される．影山 (1999: 99) では名詞の意味として大きくモノ名詞とデキゴト名詞があることが指摘されている．モノ名詞は「ある場所に X がある / いる」のような存在を表す (29a) のような名詞を指し，デキゴト名詞は (29b) のような「ある場所で / 時間に X がある / 起こる / 行われる」のような名詞を指す．

(29) a. 医者（doctor），ライオン（lion），水（water），言語学（linguistics），など
     b. オリンピック（The Olympic Games），犯罪（a crime），火事（a fire），など

(24) の動詞転換名詞もモノ名詞とデキゴト名詞に分類される

(30) a. モノ名詞：（見）覚え，（お）望み，（裏）通り，など
     b. デキゴト名詞：（小）走り，（平）泳ぎ，（荒）稼ぎ，など

影山 (1999: 101-103) によると，デキゴト名詞は語彙概念構造の中の Event ないし State の事象を抽出し，それを派生名詞や動詞転換名詞の形式役割として設定し，語彙概念構造は主体役割として組み込まれると仮定する．たとえば, construction の派生名詞の意味 (31a, b, c) は (32) の主体役割における「行為」(ACT ON)，「変化」(BECOME)，「結果状態」(BE AT) の Event ないし State の事象を抽出することによって導かれる．

(31) a. The construction was arduous and tedious.（「行為」「変化」「結果状態」全体）
        （建築作業はつらくて退屈だった）
     b. The construction was very slow.（「変化」）
        （建築はとてもゆっくりだった）

c. a building of sturdy construction（「結果状態」）
　　　（丈夫な作りのビル）
(32) デキゴト名詞としての *construction* の特質構造
　　形式役割＝event (α)
　　主体役割＝$[_{\text{EVENT}\alpha} [_{\text{EVENT}\alpha} [\quad]_{\text{x}} \text{ACT ON-}[\quad]_{\text{w}}] \text{CAUSE}$
　　$[_{\text{EVENT}\alpha} \text{BECOME} [_{\text{STATE}\alpha} [\quad]_{\text{y}} \text{BE AT-}[\quad]_{\text{z}}]]]$　　　（影山 1999: 101-103）

(30b) のデキゴト名詞の意味も語彙概念構造で表すことができる．たとえば，「走り」「泳ぎ」は「走る」「泳ぐ」が活動動詞なので「行為」（ACT）事象が抽出される．

(33) デキゴト名詞としての「走り」「泳ぎ」の特質構造
　　形式役割＝event (α)
　　主体役割＝$[_{\text{EVENT}\alpha} [\quad]_{\text{x}} \text{ACT}]]$

影山（1999: 104-107）によると，モノ名詞は語彙概念構造のいずれかの項を取り立てることによって意味を特定できると仮定する．たとえば，creation（創造物）は create の概念構造を利用して (34) の α の部分が取り立てられように捉えられている．すなわち，create されてこの世の中（WORLD）に存在するようなものを creation という．

(34) creation（創造物）
　　形式役割＝Thing (α)
　　主体役割＝$[\quad]_{\text{x}} \text{CAUSE} [\text{BECOME} [[\alpha]_{\text{y}} \text{BE AT-}[\text{WORLD}]]]$

3.3　複合語

3.3.1　複合語のメカニズム

　複合語は基本的には単純語と単純語を組み合わせたものが多い（e.g. bath＋room＝bathroom）．しかし，複合語の構成要素をよく見ると2種類の複合語に分けて考えることができる．1つは（35a〜c）のように複合語の右側要素に単純語の名詞が含まれるタイプで，もう1つは（35d〜g）のように前部要素か後部要素に動詞（の連用形か派生語）が含まれるか，あるいは形容詞（の語幹か派生語）が含まれるタイプである．前者は**語根複合語**（root compound），または**一次複合語**（primary compound）と呼ばれ，後者は**動詞由来複合語**（verbal compound），

または**二次複合語**（secondary compound）と呼ばれる（日本語と英語の複合語のパタンと諸例は影山1999, Tsujimura 1996, 並木1988, Botha 1984を参考にしている).

(35) a. 名詞－名詞：秋空, 灰皿, catfish（ナマズ）, tax-form（納税用紙）
b. 形容詞－名詞：近道, 古本, dark room（暗室）, green light（青信号）
c. 動詞－名詞：飲み水, 流れ星, drawbridge（跳ね橋）, push button（押しボタン）
d. 名詞－動詞（の派生語）：雪どけ, 螺子回し, sunrise（日の出）, mountain-climbing（山登り）
e. 形容詞／副詞－動詞（の派生語）：早起き, 遅生まれ, good-looker（美人）, well-worn（使い古した）
f. 動詞－動詞：立ち読み, 切り倒す
g. 名詞－形容詞（の派生語）：腹いた, 心強い, duty-free（免税の）, theory-dependent（特定の理論に依存した）

(35)の複合語は, 右側（後部要素）に**主要部**（head）が含まれる共通性を持つ. 主要部は品詞と意味の中心を決定する（cf. Williams 1981, Allen 1978). たとえば,(35c)の「飲み水」は左側（前部要素）に動詞の連用形が含まれるが, 右側要素が名詞なので, 複合語全体の品詞は右側主要部の規則（3.1.2項のa.を参照）に従って名詞となる.(35d, e, f)の右側に含まれている動詞連用形（e.g.「回し」「生まれ」「読み」）は複合語を形成後, 名詞に転換（ゼロ派生）するので, 全体は複合名詞である（cf.「切り倒す」は複合動詞). ただし,「雪どけ」「早起き」「立ち読み」の複合語は意味を考えると「する」のサ変動詞が**軽動詞**（light verb）と結合できるので述語的な動名詞の働きをしている.

意味の中心となるものが右側に来るというのは, たとえば, (35a)の「秋空」は「秋」ではなくて「空」の一種であるということ. 同様に, (35f)の「立ち読み」は「立つ」ことではなくて立って「読む」ことなので意味の中心が右に来ている. また, (35g)の「腹いた」は「腹」のことではなくて,「腹が痛い」ことである. いずれも右側に意味の中心がある. 他の例も検討してみよう.

日本語の複合語には(35)の**和語の複合語**（native compounds）とは別に(36)の**漢語の複合語**（Sino-Japanese compounds）や, (37)の和語・漢語・外来語の混ざった**混種語複合語**（hybrid compounds）がある（用例はKageyama 1982, 並木1988, Tsujimura 1996を参考にしている).

(36) a. 規則, 高利, 殺人
    b. 警告, 研究, 力走, 水死, 図示, 握手, 帰国, 落馬
(37) a. 漢語＋和語：台所, 正念場, 化粧直し, 拍子抜け
    b. 漢語＋外来語：石油ストーブ, 安全ベルト, 脱サラリーマン
    c. 外来語＋漢語：タオル地, ベニヤ板, ガラス戸棚
    d. 和語＋外来語：板チョコ, 歯ブラシ, 小倉アイス
    e. 外来語＋和語：ガラス窓, アパート暮らし/住まい, ドイツ生まれ
    f. 外来語＋外来語：テーブルマナー, トップレベル, ライフサイクル

ここで気づくことは，(37)において右側要素に動詞の連用形を伴った例（i.e. (37a)の「化粧直し」「拍子抜け」は動詞由来複合語）を除くとすべて語根複合語となっている点である．「暮らし」「住まい」「生まれ」は動詞の連用形から名詞に転換した和語であるが，名詞として独立した意味を持っているように思われる．したがって，語根複合語は(37)の各事例から観察すると語種の制約を比較的受けないという特徴があるのかもしれない．逆に，動詞由来複合語は(37a)の漢語＋和語のタイプの少数の例外（他には「現金払い」「門前払い」などがある）を除けば，(35d～g)の諸例に見られるように和語＋和語の同じ語種の組み合わせしか認められないという制約が働いているのかもしれない．

3.3.2 複合語の諸制約
a. 複合語の統語的制約

複合語は派生語と同様に形態的に複雑な語（3.1.1項参照）であるから句や文の統語的要素を受け入れない**句排除の制約**（No Phrase Constraint, 影山 1999: 11）が働く．

影山によると，語は名詞，動詞，形容詞（および形容動詞），あるいは副詞を基にした**語彙範疇**（lexical category）の組み合わせで作られ，句や文の要素である助詞，時制屈折語尾，複数屈折語尾，助動詞などの，文法的な**機能範疇**（functional category）は語の内部に現れないと考える．

(38) a. 腹いた（*腹がいた），拍子抜け（*拍子が抜け）（助詞）
    b. 踊り子（「*踊った子」，句の解釈ではOK），sunrise industry「成長産業」（*sunrose industry）（時制屈折語尾）
    c. 学生運動（*学生たち運動），book shop（*books shop）（複数屈折語尾）

d. 流れ星（*流れられ星）（可能），叱り方（*叱りたい方, cf. 叱られ方）（願望）

複合語は文や句の要素を取り込めないということは，文や句レベルでは生じる移動・削除・照応・挿入という現象も複合語の中では機能できないということを物語っている．

(39) a. 母がスーパーで小倉アイスを買った．→ *母がスーパーでアイスを買ったのは小倉だ．*母がスーパーで小倉を買ったのはアイスだ．（cf. 母がスーパーで買ったのは小倉アイスだ．）（移動）

b. 兄は調理師(の)免許，姉は自動車(の)免許を取得した．→ *兄は調理師，姉は自動車免許を取得した．（cf. 兄は調理師の，姉は自動車の免許を取得した．）（削除）

c. 東京名物 → *そこ名物（cf. 東京の名物 → そこの名物）（照応）

d. 大きなガラス窓 → *ガラス大きな窓，（cf. 大きなガラスの窓 → ガラスの大きな窓）（挿入）

複合語を形成する方法として Allen (1978) や Selkirk (1982) の方法などがあるが，Roeper and Siegel (1978) の**第一姉妹の原則**（first sister principle）が特に知られている（詳細は並木 1985, Botha 1984, 大石 1988 を参照のこと）．複合語の内部構造を捉えるには非常に分かりやすく便利なので，ここで簡単に紹介したい．

要するに，この原理は (40a) のような文の形（右側の樹形図を見て階層的に捉えられる点に注意したい）から動詞（i.e. make）のすぐ隣にある要素（i.e. peace）を動詞に編入し，(40b), (40c) のようにその動詞の後に -er, -ed, -ing のいずれかの接辞を付加させることによって形成される複合語の操作のことである．

(40) a. She makes peace quickly.
　　　（彼女はすぐに和解する）
　　b. peacemaking（仲裁の）
　　c. peace-maker
　　d. *quickly-making

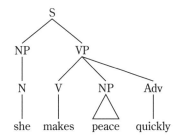

(40d) が容認されないのは動詞のすぐ後ろの，**第一姉妹**（first sister）でない quickly を動詞の前に移動させたからである．しかし，次の (41a) の文はもともと自動詞であり，work の後には副詞しか来ないので slow が同一要素となり (41b) のように複合語が形成される．

(41) a. She works slow. (彼女はゆっくりと働く)
　　 b. slow-worker (仕事の遅い人)

また，複合語形成に参与可能な要素（＝項）は 1 つに限られ，さらに，主語は編入されないという制約が働く．

(42) a. *baby toy handing (*赤ちゃんおもちゃ渡し)(cf. *toy-handing to babies)
　　 b. *[Kid eating] makes such a mess.(「子供は何かを食べればとても散らかす」の意味にはとれない．「子供を食べることは」と kid を目的語として解釈するなら OK. cf. 胸騒ぎ，雨漏り) 　　　　　　　　　　(大石 1988: 131-133)

Botha (1984: 8-28) には Roeper and Siegel (1978) の分析上の問題点が詳細に論じられている．特に，-ed の接辞を加えるときに*car-driven, *green-grown, *president-elected を派生させないようにさまざまな**調整規則**（adjustment rules）が施されなくてはならない点が問題であることは指摘しておきたい（詳細は Botha 1984: 22ff. を参照）．それでも彼らの第一姉妹の原理には，語の中には文の要素である機能範疇が入れないという事実が随所に反映されていることは重要である．たとえば，(43b, d) の複合形容詞が (43a, c) の文から導かれる際に複合語の中ではそれらの前置詞が削除されるということや，(44a, c) のように，文では目的語に冠詞や複数形が付いた形のものを (44b, d) のように複合名詞として動詞の前に編入させる場合には冠詞や時制・複数形の屈折接辞を削除しなくてはならないという事実は，複合語は形態論の単位であるから語彙範疇の中に統語的要素の機能範疇や統語的操作を取り込めないという日本語・英語に共通する普遍的な考え方によって捉えられる（日本語の例は (38) (39))．

(43) a. The food is free <u>from</u> additives<u>.</u> (その食品には添加物が含まれていない) →
　　 b. additive-free (無添加の)(前置詞と複数形の屈折接辞が落ちる)
　　 c. The plant is resistant <u>to</u> disease. (その植物は病気に対して抵抗力がある) →
　　 d. disease-resistant (病気に強い)(前置詞が落ちる)
(44) a. The team trades <u>the</u> players<u>.</u> (そのチームは選手を交換する) →
　　 b. player-trading (選手交換)(冠詞と複数形の屈折接辞が落ちる)
　　 c. She shook hands <u>with</u> him. (彼女は彼と握手した) →
　　 d. handshake (握手)(時制が原型になり複数形の屈折接辞が落ちる)

3.4 語彙化と語形成規則の関係

本章では形態論における派生語・転換・複合語の事例について日英語を対照させて見てきた．これらの3つの事例は語の世界に属し，文の世界とは意味的・構造的に違う面が含まれる．たとえば，「入場する」「入院する」はただ単に「ある場所や病院に入る」の文における解釈とは明らかに異なる．なぜなら，「入場する」には「式典」や「運動会」などで生徒や選手が講堂や運動場に入る目的があり，「入院する」も「患者」が治療や検査で一定期間病院に入ることを意味する．一般的に，語は語彙化（＝名付け）されると辞書の中に意味の特殊性ゆえに記載しておく必要がある．語彙化は意味の面で捉えられるが，それを引き起こす原因は形態や音韻の形である程度，語の中に生じてくる．

たとえば，派生接尾辞の -ness と -ity の基体に対する働きを比較すると前者は基体の強勢を移動させないが，後者は移動させる（e.g. contínuous「絶え間ない」→ contínuousness「絶え間ない状態」，continúity「（場面の）一続き」「（撮影・放送用の）台本」，-ity には continuous の -ous に**切り取り**（truncation）も生じている）．このように，接辞の**形態音韻変化**（morpho-phonological change）が伴うと基体の意味とは異なる語彙化された意味が派生語には出てくるのが一般的な傾向である（高橋 2009: 32）．

日本語でも英語と同じことが観察される．たとえば，「雨音」「雨蛙」のように「雨」が「あま」と発音される場合である．この音韻変化は複合語の解釈をもたらす．「雨音」は「雨が物に当たる音」であってすべての「雨の音」は指さない．「雨蛙」は「アマガエル」のことで「トノサマガエル」や「ヒキガエル」のことは指さない．一方，「雨の中の蛙」はどんな蛙でも指せる．

しかし，語彙化が生じると形態や音韻に必ず変化が生じるかというとそうでもない．Siegel (1974) や Allen (1978) の提唱する**レベル順序付け仮説**(level ordered hypothesis) に従うと，形態音韻変化を引き起こす接辞はレベル1（e.g. -ity, -er, -ful, in-）で引き起こさない接辞はレベル2（e.g. -ness, -ment, -ive, un-）である．そうすると，レベル2の接辞はどんな場合でも語彙化を引き起こさないように思えるが，business のように形態音韻にも変化を引き起こさないまま慣用的に用いられた結果，「ビジネス」と語彙化された場合や，cooker のように基体 (cook) の

形態音韻にも変化は引き起こさないが，「料理人」の意味が cook によって先取りされているため，阻止の働きにより「人」の解釈が cooker から排除され「鍋・釜」と語彙化する場合もある．

　まとめると，語彙化というのはある程度，接辞や基体に形態的・音韻的変化が現れることになるが，接辞レベルで指定されるように形式と意味が一致するようなことにはならないということである．語の慣用化が意味を決定するのであって，その記述には実際の意味を基にした語彙概念構造や語の**特質構造**（qualia structure, Pustejovsky 1995）を利用する辞書記述の方法がふさわしいと思われる．レベル順序付け仮説は派生語や複合語の生成過程を説明できる一般条件として**語彙音韻論**（lexical phonology）の枠組みの中で提案されたが，辞書の中に固定したレベルの接辞を指定することにより，順序付けパラドックスの問題（e.g. government(2)-al(1)）や過剰生成の問題（e.g. *firm-ness(2)-ful(2)）を引き起こした（数字はレベルを示す．詳細な議論は高橋 2009 を参照のこと）．

　語彙化は語の慣習化された名付けであることを上で述べた．「墓参り」「伊勢参り」「百度参り」とは言うが，「*城参り」「*江戸参り」「*十度参り」とは言わない．個人の心的辞書の違いがあり，人によっては，この表現の意味は理解できるが使わないとか，使ったことがないという反応が出てくる．これらの語も慣習化され，一般的に使用されると，辞書に登録される**可能な語**（possible word）としての資格が生じる．一方，「*人参り」「*トイレ参り」などとは言わない．「参り」には「高貴な人の所に参る」や「社寺や墓に参る」の意味があり，これらの語は**意味的**に**不可能な語**（semantically-impossible word）となる．

　語彙化された語は辞書に登録されるが，すべての接辞を持つ派生語が辞書に登録される必要はない．英語の辞書を引いても，すべての接辞を含めた派生語のリストがあるわけではない．たとえば，-ness や副詞の -ly は語彙化した意味であれば辞書に載せられるが（e.g. business, hardly），英語の母語話者は -ness や -ly は形容詞の基体に生産的に付加することが可能であることを理解しているので，それらの接辞を含めた派生語全体の目録を辞書に記載する必要はないと考える．語形成規則は辞書に登録されている単純語と接辞に働いて派生語や複合語を形成していくが，**二項枝分かれ**（binary branching）**構造**の段階では辞書に登録されない構造をしているものと仮定する（高橋 2009: 212）．たとえば，kindness と business, softly と hardly, coolish と cattish の内部構造は (45) のようになると考える．

3.4 語彙化と語形成規則の関係

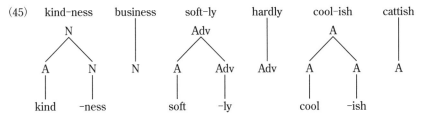

(45)において，語彙化している business「ビジネス」, hardly「ほとんどない」, cattish「意地の悪い」は基体の意味を引き継がない**不透明な**（opaque）意味を持っている．一方，kindness「親切な行為・性質・状態」, softly「優しく，柔らかく」, coolish「やや涼しい」は基体の意味を継承した**透明な**（transparent）意味を持っている．したがって，英語母語話者は辞書の中では単純語 (i.e. kind, soft, cool) と接辞（i.e. -ness, -ly, -ish）を組み合わせる語形成規則が働いて派生語が形成されることを理解しているので，それらの派生語を辞書に登録する必要がないことになる．二項枝分かれの deepness, youngness のような可能な語は辞書に登録された depth, youth のような語によって阻止されることもある．語彙化と語形成規則の関係は構造上，二項枝分かれになっているかいないかでこのようにとらえられるものと思われる．

🔍 より深く勉強したい人のために

- Aronoff, Mark (1976) *Word Formation in Generative Grammar*, Cambridge, Mass.: MIT.
  語の生産性や語形成規則の関係，語の調整規則，阻止現象など幅広く派生語の仕組みについて興味深い事実を指摘する．内容は少し難しいが形態論に必ず興味を引くきっかけとなる 1 冊．
- Allen, Margaret (1978) *Morphological Investigations*, Ph. D. dissertation, University of Connecticut.
  否定接頭辞の派生語と複合語について議論している．可能な語に基づく過剰生成形態論（overgenerating morphology）など独自の考え方を示している．
- 影山太郎・由本陽子（1997）『語形成と概念構造』研究社出版．
  名詞転換動詞や複合動詞の形成過程を語彙概念構造で説明する画期的な 1 冊．統語的複合と語彙的複合という形態論と統語論のインターフェイスを試みている．
- 影山太郎（1999）『形態論と意味』（日英語対照による英語学演習シリーズ 2），くろしお出版．

形態論と意味の関係について最新の情報を踏まえて分かりやすく解説した1冊．語彙概念構造や特質構造について簡潔にまとめられている．
- 高橋勝忠（2009）『派生形態論』英宝社．
派生語形成の一般条件を提案し，レベル順序付け仮説の問題点や語彙化の過程を解説した1冊．英語と日本語の語形成過程が名詞範疇条件と形容詞範疇条件により説明できることを提示している．

演習問題

1. 次の各派生語の作りを自由形態素と拘束形態素に分類し，下位範疇化素性に従って派生語全体の樹形図を描いてみよう．
   (a) unexceptionally　(b) incompleteness　(c) departmentalization
2. 次の文における下線部の名詞変換動詞を語彙概念構造で示しなさい．
   (a) They shelved the groceries.（彼らは食料品を棚に並べた）
   (b) She buttered her pancakes.（彼女はパンケーキにバターを塗った）
   (c) He tutored a girl.（彼は女の子の家庭教師をした）
   (d) Tom taxied to the town.（トムはタクシーで町に出た）
3. 次の複合語が不自然になる理由を説明しなさい．括弧の中に考えるヒントを与えておく．
   (a) *子供たち心，*割られ箸，*待った人（まったびと）（句排除の制約）
   (b) *fast-maker (cf. trouble maker, fast-falling「急降下」)（第一姉妹の原理）

文　献

伊藤たかね・杉岡洋子（2002）『語の仕組みと語形成』研究社出版．
大石強（1988）『形態論』（現代の英語学シリーズ）開拓社．
影山太郎（1993）『文法と語形成』ひつじ書房．
影山太郎（1999）『形態論と意味』（日英語対照による英語学演習シリーズ2）くろしお出版．
影山太郎・由本陽子（1997）『語形成と概念構造』研究社出版．
加藤重広・吉田朋彦（2004）『日本語を知るための51題』研究社．
北原保雄編（2004）『問題な日本語』大修館書店．
佐山佳子子（1986）「おお－だい－たい－（大）」『日本語学』5(3), 37-42．
島村礼子（1995）「単語の日英比較─心的辞書から見た派生語を中心に─」『日本語学』14(5): 72-80．
高橋勝忠（2009）『派生形態論』英宝社．
高橋勝忠（2011）「動詞連用形の名詞化とサ変動詞「する」の関係」『英語英米文学論輯』（京都女子大学大学院文学研究科研究紀要）10, 15-33．

高橋勝忠・福田稔 (2001)『英語学セミナー』松柏社.
寺村秀雄 (1984)『日本語のシンタクスと意味Ⅱ』くろしお出版.
竝木崇康 (1985)『語形成』(新英文法選書2) 大修館書店.
竝木崇康 (1988)「複合語の日英対照―複合名詞・複合形容詞―」『日本語学』7(5), 68-78.
西川盛雄 (2006)『英語接辞研究』大修館書店.
Allen, Margaret (1978) *Morphological Investigations*, Ph. D. dissertation, University of Connecticut.
Aronoff, Mark (1976) *Word Formation in Generative Grammar*, Cambridge, Mass.: MIT.
Botha, Rudolf (1984) *Morphological Mechanisms: Lexicalist Analyses of Synthetic Compounding*, Oxford: Pergamon Press.
Carstairs-McCarthy, Andrew (2002) *An Introduction to English Morphology*, Edinburgh: Edinburgh University Press.
Chapin, Paul (1970) "On Affixation in English," in Bierwisch, M. and K. E. Heidolph (eds.) *Progress in Linguistics*, The Hague: Mouton, 51-63.
Clark, Eve and Herbert Clark (1979) "When Nouns Surface as Verbs," *Language* **55**, 767-811.
Giegerich, Heinz (1999) *Lexical Strata in English: Morphological Causes, Phonological Effects* (Cambridge Studies in Linguistics 89), Cambridge: Cambridge University Press.
Halle, Morris (1973) "Prolegomena to a Theory of Word Formation," *Linguistic Inquiry* **4**, 3-16.
Kageyama Taro (1982) "Word Formation in Japanese," *Lingua* **57**, 215-258.
Katamba, Francis (1993) *Morphology*, London: Macmillan.
Lieber, Rochelle (1980) *On the Organization of the Lexicon*, Ph.D. dissertation, MIT.
Lieber, Rochelle (1983) "Argument Linking and Compounds in English," *Linguistic Inquiry* **14**, 251-285.
Lieber, Rochelle (2010) *Introducing Morphology*, Cambridge: Cambridge University Press.
Martin, Samuel (1975) *A Reference Grammar of Japanese*, New Haven, CT: Yale University Press.
O'Grady, William and Michael Dobrovolsky (eds.) (1995) *Contemporary Linguistic Analysis : An Introduction*, Second edition, in Chiba Syuji (ed.) *Gendai Gengogaku Nyumon I*, Newbury House/ Shohakusha.
Pustejovsky, James (1995) *The Generative Lexicon*, Cambridge: MIT Press.
Roeper, Thomas and Muffy E. A. Siegel (1978) "A Lexical Transformation for Verbal Compounds," *Linguistic Inquiry* **9**, 199-260.
Selkirk, Elizabeth (1982) *The Syntax of Words*, Cambridge: MIT Press.
Siegel, Dorothy (1974) *Topics in English Morphology*, Ph.D. dissertation: MIT (Published by Garland, New York, 1979).
Tsujimura, Natsuko (1996) *An Introduction to Japanese Linguistics*, First Edition, Oxford: Basil Blackwell.
Williams, Edwin (1981) "On the Notions 'Lexically Related' and 'Head of a Word'," *Linguistic Inquiry* **12**, 245-274.

第4章 屈折形態論：
日本語動詞の活用と英語の不規則動詞

西山國雄

　本章で扱う「**屈折**（infection）」は，「**派生**（derivation）」と並んで形態論の重要な概念の1つである．屈折と派生の違いは第1章で述べられたので詳しくは繰り返さないが，簡単に言うと屈折は「1つの語」の形が変化することを指すのに対し，派生では語が変化した結果，別な語ができる．英語で destroy が destroys, destroyed と変化しても，同じ語とみなされるが，destruction となれば別な語である．一番簡単な区別の仕方は，辞書で別な項目があるかどうかである．屈折の結果できる destroys は単独の項目ではないが，派生の結果できる destruction は destroy とは別の項目で記載されている．日本語でも，動詞の「釣る」と「釣った」の関係は屈折だが，名詞の「釣り」になると派生である．

　形態論が対象とする「語」について，人間は古来さまざまなことを考えてきた．当然時代や地域により，語の分析方法は異なってくる．日本人は語（特に動詞）に関して，好むと好まざるとにかかわらず，学校文法の洗礼を受けてきた．そこでは日本語の「行く」という動詞は「行か（ない）」「行き（ます）」「行く」「行く（時）」「行け（ば）」「行こ（う）」という風に「活用」する．そして英語の規則動詞は play, played, played と変化し，不規則動詞は sing, sang, sung のように変化する．

　日本語と英語は，我々にとって最も身近な言語であるが，本書のシリーズは「日英対照」のみならず「言語学」を冠している．言語学ではあらゆる言語を対象とするが，ここで読者に馴染みのない言語の動詞を考えてみよう．そうすることで，日本語と英語を考える際に無意識に起こる学校文法の呪縛から解放されるかもしれない．

　以下は東インドネシアのフローレス島で話されているラマホロト語の「飲む」，「食べる」に相当する動詞である．

	飲む	食べる
1人称単数	kenun	kan
2人称単数	menun	gon
3人称単数	nenun	gan
1人称複数（聞き手を含まない）	menun	məkan
1人称複数（聞き手を含む）	tenun	təkan
2人称複数	menun	gen
3人称複数	renun	rəkan

　この言語では，人称と数により動詞が7通りに変化する．上のような変化形の表を「パラダイム」と呼ぶがこれらの動詞の形をどのように捉えたらよいだろうか．まず，英語の不規則動詞 sing, sang, sung のように，7つの形をそのまま覚えるという方法がある．しかし，「飲む」の形を見ると，最初の子音が異なるだけで，後はすべて -enun が続く．すると，たとえば kenun は k- と -enun に分けられ，k-enun と分析できる．それ以外も同様に m-enun, t-eun となる．これは英語の規則動詞に似ている．played を play-ed と書くことはないが，「規則動詞の過去形と過去分詞には ed をつける」という学校文法の言い方はこれに近い．また日本語の動詞でも「行かない」を「行か」（「行く」の未然形）と「ない」（否定の助動詞）に分けるのもこれに通じる．

　しかし，「食べる」の7つの形はどうだろう．2つの1人称複数と3人称複数の məkan, təkan, rəkan は m-əkan, t-əkan, r-əkan とできそうだが，他の kan, gon, gan, gen はどうだろう．「飲む」の1人称単数が k-enun なので，「食べる」の1人称単数も k-an となるだろうか．しかし，m-əkan では後半の部分にすでに kan が含まれているので，kan は不可分なのだろうか．すると，məkan も不可分だろうか．そうなると，そもそも「飲む」の7つの形も不可分ではないだろうか．

　以上のような問題は，中国語のような孤立語を除けばほとんどの言語の語の分析の際に生じる問題である．4.1節ではまずこうした形態素の抽出の問題を扱う．4.2節では屈折形態論と統語論の関係について述べる．4.3節と4.4節はそれぞれ英語と日本語の動詞の分析を詳細に行う．

4.1 形態素の抽出

冒頭に動詞をいくつかの部分（形態素）に分割するやり方を見てきた．日本語や英語のようによく知られた言語でも，ラマホロト語のようにほとんど知られていない言語でも，語を最小の意味単位である形態素に分割して記述するのは，現代言語学の標準的な記述方法である．ラマホロト語の文法書でも，kenun は k-enun と分けられ，k- には「1 人称単数」，-enun には「飲む」という意味が対応させられている．しかし，この方法は古くからあるのではなく，20 世紀前半のアメリカ構造主義言語学において確立した．本節ではまず，ここまでに至る形態分析の歴史を見ることにより，それぞれの分析の立場の違いを明確にしておく．

アメリカ構造主義言語学の代表的研究者であるホケット（Hockett, C.）は，形態分析における 3 つのアプローチを明確にした（Hockett 1954, Spencer 1991: 49f も参照）．それによれば，Word-and-Paradigm, Item-and-Process, Item-and-Arrangement という 3 つのアプローチがある．

Word-and-Paradigm の Paradigm（パラダイム）とは，p. 85 で挙げたような語形変化の表のことである．Word-and-Paradigm では，語を分割せずに 1 つのまとまりとして扱う．このアプローチは西洋古典語（ギリシア語，ラテン語）の文法を記述する際に発達した．これらの言語では英語の play-ed のように形態素がはっきり分割できない場合が多い．つまり，sing, sang, sung やラマホロト語の kan, gon, gan, gen のようなケースが多く，それらを説明するのに語全体をひとまとまりとして扱うのはむしろ自然だった．

Item-and-Process は最も歴史が古く，紀元前 4 世紀のサンスクリット語の研究者パーニニにまでさかのぼる．Process とは「過程」を意味するが，ここではいくつかの変化形は基底となる語を基にして「形成」されると考える．先程述べた，学校文法の「規則動詞の過去形と過去分詞には，ed をつける」という言い方はこの Item-and-Process である．

Item-and-Arrangement の Arrangement は「配置」のことで，形態素を並べるという意味である．本節の冒頭で述べた通り，これは現代言語学の標準的な記述方法である．Item-and-Process と似ている部分もあるが，Item-and-Process が基本形からの「変化」に注目するのに対し，Item-and-Arrangement は実際に起こ

る形から出発して，それを「分割」していく．たとえばラマホロト語の動詞を考えるとき，最初に kenun という形が話者により発せられ，それを他の形と比較することで k-enun と分ける．日本語の動詞でも，たとえば，「行かない」と「行かせる」を比較すると「行か」の部分が共通なので，これを「未然形」として抽出する．これが Item-and-Arrangement である．

以上の3つのアプローチはそれぞれ対象とする言語の性質によるところが大きい．特に最後の Item-and-Arrangement は日本語のような膠着語に有効である．膠着語では形態素と意味の関係が1対1の対応になることが多いからである．これに対し，屈折語では Item-and-Arrangement はうまくいかないことがある．屈折語の典型はインド・ヨーロッパ語族の古典語であるギリシア語，ラテン語，サンスクリット語で，これらの言語の研究では別な Word-and-Paradigm や Item-and-Process が発達してきたのは上で見た通りである．英語もインド・ヨーロッパ語族だが，古典語とは違い play, played, played のように膠着的な側面も持つ．しかし本来のインド・ヨーロッパ語族的な屈折もあり，それが sing, sang, sung などに現れる．

未分析の屈折をどう扱うかについて，アメリカ構造主義言語学では Bloch (1947) や Hockett (1954) で，take の過去形である took を題材にしていくつかの可能性が示されている．

(1) a. took は1つの形態素である．
    b. took は take と ed が合成された語（portmanteau）である．
    c. took は took-∅ と分析され，took は take の異形態で，∅ は ed の異形態である．
    d. took は /t...k/ という不連続な take の異形態で，母音の /u/ は接中辞(infix)としての ed の異形態である．
    e. took は take に「交替形態素」がついて，/ey/ の母音が /u/ に変わったものである．

(1a) が Word-and-Paradigm，(1e) が Items-and-Process，そして (1c) と (1d) が Item-and-Arrangement と言える．言語が違えばアプローチが違うのはわかるとしても，同じ英語の分析なのに動詞により違ったアプローチを取ることはできない．したがって，もし played を play-ed と分析するなら (Item-and-Arrangement)，整合性を持つためには (1c) か (1d) を採る必要がある．

日本語に話を移す．日本語動詞の屈折の詳細については4.4節で述べるが，ここでは形態素の抽出の問題を取り上げる．以下は現代語の五段動詞の活用である．

	行く（カ行）	貸す（サ行）	待つ（タ行）	読む（マ行）
未然形	行か	貸さ	待た	読ま
連用形	行き	貸し	待ち	読み
終止形（連体形）	行く	貸す	待つ	読む
仮定形（命令形）	行け	貸せ	待て	読め

ここではカ行，サ行，タ行，マ行の4つの行の動詞を挙げた．そして，それぞれに未然形，連用形，終止形（連体形），仮定形（命令形）の4種類の変化形がある．ここで注目したいのは，この4変化形は横に見るとそれぞれア段（か，さ，た，ま），イ段（き，し，ち，み），ウ段（く，す，つ，む），エ段（け，せ，て，め）で終わっていることである．つまり未然形には「あ」の部分が共通していて，連用形には「い」が共通している．仮名で書く限りこれ以上の分割はできないが，ローマ字を使えば上の表は以下の通りに書き変えられる．

	行く（カ行）	貸す（サ行）	待つ（タ行）	読む（マ行）
未然形	ik-a	kas-a	tat-a	yom-a
連用形	ik-i	kas-i	tat-i	yom-i
終止形（連体形）	ik-u	kas-u	tat-u	yom-u
仮定形（命令形）	ik-e	kas-e	tat-e	yom-e

ここで出てくる a, i, u, e という母音は何だろうか．たとえば，a について2つの視点から分析が可能である．最初の視点は a が独立した形態素か，動詞の一部か，後続する助動詞の一部かである．以下の3つの分析が考えられる．

(2) a. ik-a の a は動詞の一部で，「行かない」は ika-nai と分析される．
 b. ik-a の a は独立した形態素で，「行かない」は ik-a-nai と分析される．
 c. ik-a の a は助動詞の一部で，「行かない」は ik-anai と分析される．

学校文法で「行か」とまとめるのは，ローマ字を使えないという制限があるにせよ，基本的に (2a) の立場である．そしてアメリカ構造主義言語学の Bloch (1946) は (2c) の分析をとる．(2b) の可能性は4.4節で追求する．

ik-a の a の分析における第2の視点は，a が特定の意味を持つかである．

(3) a. ik-a の a に特に意味はない．
 b. ik-a の a は「未然」の意味がある．

(2) の視点と (3) の視点は基本的に独立している．つまり (2) のどの立場を取っても，(3b) を仮定することは可能である．たとえば ika-nai と分析すれば，「行か」には未然の意味がある，だからこそ「ない」が接続できる，ということになる．これが学校文法の標準的な説明であろう．しかし ik-a-nai と分析しても全体で未然の意味を持つことを説明することができる．また ik-anai と分析しても，a を含むから -anai という助動詞は否定（未然）の意味を持つことを説明できる．

「未然形」という言い方に慣れてしまうと，(3b) の説が正しいように見えてくる．しかし，これには弱点がある．「見る」のような一段動詞では，「未然形」は「見」だけで a はない．否定も「見ない」で a はない．a にもし固有の「未然」の意味があるなら，なぜ一段動詞には現れないのか．このように考えると (3a) も信憑性を帯びてくる．しかし (3a) の立場をとると，それではなぜそもそも a が出てくるのかが新たな疑問として上がる．4.4 節ではこのようなことを考えていく．

4.2 統語論との関係

本節では屈折形態論と統語論の関係を扱う．第 1 章でも扱われているが，ここでは特に屈折形態論に注目し，現在の形態理論の中で影響力を持つ分散形態論まで至る歴史的経緯を概説する．そもそも形態論と統語論の関係が論じられるようになったのは 1980 年代からで，それまでは形態論と統語論の区別は明確ではなかった．もちろん区別はあったが，実際の運用においてしばしば両者は一緒くたに扱われた．

まず，アメリカ構造主義言語学は，形態分析においては目覚ましい発展があったが，統語論は形態分析の延長で語られることが多かった．だから，たとえば play と ed という形態素の配列（形態論の問題）と，I play. という文の中の I と play という単語の配列（統語論の問題）が同じレベルで分析された．

統語論における目覚ましい発展は，言うまでもなく 1950 年代に始まる生成文法で起こるのだが，ここでも初期は形態論と統語論の区別は明確ではなかった．まず (Chomsky 1957) で提案された Affix Hopping では，たとえば進行形ができる過程として以下のようなことが想定されている．

(4) I (be, -ing) play → I am play-ing

まず進行形の最初の固まりとして，be 動詞と -ing がまとまっている．それか

ら -ing が動詞の後ろまで飛んで（Hopping），その結果 play-ing ができる．この移動は，たとえば受け身で目的語が主語の位置に移動する操作と同列に扱われているので，ここでは形態論（play-ing）と統語論（受け身）の区別はないと言える．同様に，60 年代までは派生形態論も統語操作の一部と見なされていた．

　事情が変化したのは Chomsky (1970) 以降である．Chomsky (1970) は派生形態論を含む the enemy's destruction of the city という名詞句は The enemy destroyed the city. という文から変形によってできたのではなく，両者はそれぞれ別々に，句構造を作る the base rules によって派生されると提案した．the base rules とはその後の X バー理論（統語論の一部）に相当するもので，Chomsky (1970) は派生形態論を統語論で扱う立場である．しかし，この仮説を**語彙論的仮説**（lexicalist hypothesis）と呼んだために，それ以降 Chomsky (1970) の解釈として，派生形態論を語彙部門で扱うという誤解が広まった（Marantz 1997）．語彙論者仮説は大きな影響力を持ち，70 年代から 80 年代前半までは，形態論は語彙部門で扱い，統語論は形態論と直接の関係はないという考えが支配的になった．

　80 年代に入り，よく知られたヨーロッパの言語以外のアジア，アフリカ，太平洋，アメリカ先住民などの言語に対しても生成文法の分析が行われるようになった．そこでは動詞が文頭に来たり，（日本語などでは）動詞が拡大して使役形になったりする．こうした現象の分析として，動詞が移動することが考えられた．移動とは統語論で起こることなので，ここで形態論と統語論の関係が復活した．ただ，両者の区別の点ではまだはっきりしたものはなく，たとえば当初の 80 年代前半は動詞の移動は Wh 疑問文の移動と同じと考えられていた．つまり，what などの疑問詞が移動する先と動詞が移動する先は同じ場所（Comp）だと考えられていた．

　80 年代も中頃になると，形態論と統語論の区別が意識されるようになった．主語とか目的語のような文の要素を**句**（phrase）と呼び，それに対して語や語の内部要素である形態素を**主要部**（head）と呼んだ．また，たとえば played は play と ed の 2 つの形態素（主要部）から成るが，この 2 つは最初は分離していて，統語論で組み合わさると考えられた．具体的には He played. は，最初は以下の構造を持つ．

4.2 統語論との関係

(5)

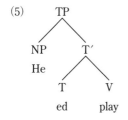

　TP とは Tense Phrase の略で，文を指す．この表示方法には，文とは時制要素（T）が投射したもの（Phrase）であるという考えがあるが，以下の議論は特にこれにこだわるものではない．重要なのは play と ed が統語論で合体するということである．「合体」の方法には2つあり，1つは上で述べた古典的な affix hopping である．これによれば play は動かず，ed が play の方に動く．そして英語では affix hopping が想定されることが多かった．もう1つはその逆で，時制要素は動かず，動詞が時制要素まで動くというものである．これはフランス語や日本語などの動詞形成の際に仮定された．こうした移動を主要部移動と呼び，Wh 疑問文の移動（句の移動）と比べてその出発点や終着点が異なると仮定された．もっともこの2種類の移動を区別するのは便宜的であり，共に同じ原理や制約にしたがっているという考えも同時に広まり，この点からするとやはり形態論と統語論の区別は真剣に考えられていないと言える．

　90年代に入り，2つの大きな変化が起こった．まずチョムスキーが**極小主義プログラム**（minimalism program）を提唱し，屈折動詞は統語論で形成されるのではなく，統語論に入る前の段階で形成されると仮定した．これは70年代の仮説への回帰であり，**照合**（checking）という操作もあるが，基本的には再び形態論と統語論は切り離された．しかし同時期に同じ MIT でハレとマランツが**分散形態論**（Distributed Morphology）を提唱した（Halle and Marantz 1993）．これは形態論と統語論を区別しながらも，動詞を形成するのに統語論を最大限に利用するという点で，これまでの理論にない特徴を持つ．

　具体的に，He plays. がどのようにできるか考えてみよう．(5) では He played. を考えた．ここで ed は純粋な時制要素なので T に存在すると考えるのは特に問題はない．しかし He plays. ではどうだろう．s は確かに現在時制を表すが，他にも3人称と単数という意味も持っている．この意味も T に存在するのだろうか．分散形態論では He plays. は統語論では以下の構造を持っていると仮定される．

(6)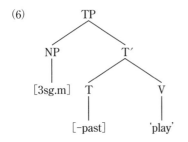

80年代の統語構造である (5) と分散形態論が仮定する統語構造である (6) では大きな違いがある．(6) には音がなく，音の素となる素性が存在する．[3sg.m] とは3人称単数男性という素性で，[-past] とはマイナス過去，つまり過去ではない（現在）という素性である．'play' は最終的に play と発音される動詞の辞書的な意味の集合体である．

分散形態論では音は統語部門の後に来る形態部門で与えられる．形態部門では統語構造を基に，いくつかの形態部門固有の操作が加わる．具体的には**結合** (merger)，**追加** (addition)，**削除** (impoverishment)，**融合** (fusion)，**分裂** (fission)，**再調整** (readjustment) である．再調整は次節で触れるが，He plays. ができる過程でかかわってくる操作は結合と追加と融合である．

(7)
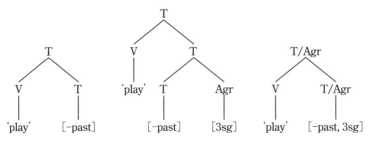

(7a) は結合後の動詞部分を表す．結合は先に述べた主要部移動とは厳密には異なるが，結果としてできるものは差がないことが多く，(7a) は主要部移動（あるいは Affix Hopping）の結果できたと考えても差し支えない．(7b) は分散形態論の形態部門独自の操作である追加の結果できたものである．主語の位置（TP の左下）にある素性の束から，3人称と単数の素性（[3sg]）が T の部分にコピーされ，追加される．この素性は**一致** (agreement, Agr) のラベルが付けられる．この一致の素性は言語によっては単独の形態素として具現されるが，英語の現在時

制ではそういうことはなく，必ず現在形とセットで具現される．これを可能にするのが (7c) 融合である．この操作により，T の節点と Agr の節点が 1 つになり，T/Agr と表現される．最終的には [-past, 3sg] という素性の束ができ上がり，これに以下の語彙挿入規則によって音が与えられる．

(8) [-past, 3, sg] ⟷ /z/

これは，[-past, 3, sg] という素性の束があれば，それに /z/ という音を与えろ，ということを意味する．

3 人称単数以外の現在形（I play, we play, you play, they play）はどうだろうか．これらの場合は動詞は原形と同じに見える．しかし，I want to play. などの不定形の play とは違い，現在形の play ははっきりと時制を持っている．分散形態論ではこれをゼロ形態素（∅）として捉える．つまり，I play. は I play-∅. と分析され，現在形を表す見えない形態素を含むと考える．このゼロ形態素が現れるのは 3 人称単数以外の雑多な環境なので，これらの素性は指定せず，以下のような語彙挿入規則が考えられる．

(9) [-past] ⟷ ∅

以上，英語の現在形には /z/ と ∅ の 2 つの異形態があることを見た．異形態とは定義上，片方が現れたらもう片方は現れない（相補分布）ものなので，次の問題はこの異形態をどう交通整理するかである．ここで以下の **The Elsewhere Principle**（その他原理）が重要となってくる．

(10) *The Elsewhere Principle*

   Rules are ordered by the principle that the most specified rule takes precedence over the rules that are less specified (Halle and Marantz 1993: 120).
   （複数の規則は，最も指定の多い規則がより指定の少ない規則より優先するという原理により順序づけられている．）

(8) の [-past, 3, sg] と (9) の [-past] を比べると前者の方が指定が多い．よって (10) の原理により，3 人称単数の場合は (8) が優先して適用される．3 人称単数以外の場合はそもそも (8) の条件が揃わないので適用されず，代わりに「その他」規則（elsewhere rule）である (9) が適用される．

次に日本語の動詞と統語論の関係を見る．これも詳しくは 4.4 節に譲るが，ここでは終止形がいかに文の構造と対応しているかを考えていく．学校文法では，たとえば一段動詞「見る」の終止形は「見る」そのままで，これ以上分けること

はない．しかしその否定形である「見ない」は,「見」(未然形) と「ない」(助動詞) に分かれるのに，「見る」が分かれないのは不合理である．「見る」とその過去形である「見た」を見比べても，明らかに「見-る」,「見-た」と分かれるべきで,「る」と「た」はそれぞれ現在形 (非完了) 語尾と過去形 (完了) 語尾といえる．

上のように考えると，「太郎が見る」は以下の構造を持つ．

(11)

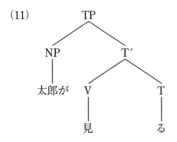

(11) は音が入った後の構造である．日本語は主要部が後に来るので T (時制要素) は最後に来る．「る」は T の部分にあり，語幹の「見」は動詞 (V) の部分にある．他の未然形，連用形，仮定形については 4.4 節で詳述する．

4.3 英語動詞の屈折

本章冒頭に見た通り，英語は屈折の性質が強いインド・ヨーロッパ語族に属し，その性質は sing, sang, sung などに表れる．しかし, 同時に play, played, played のように膠着的な側面も持つ．そして, 形態論の方法論の中で Word-and-Paradigm は屈折語に有効で, Item-and-Arrangement は膠着語に有効だというのも 4.1 節で見た．しかし英語という 1 つの言語の中で，たとえば sing, sang, sung には Word-and-Paradigm を使い， play, played, played には Item-and-Arrangement を使うことができないとすれば，どちらかに統一しなくてはいけない．

問題は Word-and-Paradigm と Item-and-Arrangement のどちらに統一するか，ということだが，Word-and-Paradigm に統一する説も，Stump (2001) など確かに存在する．しかし，このやり方だと played を分割することはできず，1 つの形態素として扱う．また Anderson (1992) は Item-and-Process を採用しているが，Word-and-Paradigm 同様に affix というものを想定せず，やはり played を 1 つの

形態素として扱う．しかしこれには問題があり，やはり played は play-ed と分割して，2つの形態素として扱うべきだ，というのが，Item-and-Arrangement の立場である．これは古くはアメリカ構造主義言語学で推進され，最近では分散形態論もこの立場である．ここでは先程とは逆に，sing, sang, sung などはすべて play-ed と同様に2つの形態素として分析される．以下で分散形態論の Halle and Marantz (1993) とアメリカ構造主義言語学の Bloch (1947) の分析を紹介する．

学校文法で英語の不規則動詞を習う際，そのまま覚えるのが普通のやり方であろう．しかし多くの人が「不規則」ながらもその中に共通性があるのを認識しているはずだ．たとえば sing, sang, sung は母音の変化が sink, sank, sunk と同じである．無変化の put, put, put は hit, hit, hit と音のパターンがどこか似ている．他にも keep, kept, kept と weep, wept, wept や spend, spent, spent と send, sent, sent などにも共通点はある．これらを体系化したのが Bloch (1947) であり，それを受け継いでいるのが Halle and Marantz (1993) である．前者がより包括的であるのに対し，後者はより個別的なので，後者を先に紹介する．

4.3.1 Halle and Marantz (1993)

「不規則」動詞の中に「規則」を見つけ出す際に重要なのはゼロ形態素である．play, played, played と put, put, put を平行的に扱うためには，後者を put, put-Ø, put-Ø とする必要がある．ここで出てくるゼロ形態素は以下の語彙挿入規則による．

(12) a. [+past] ⟷ Ø / X + ___ where X = *put, hit, shut, ...*
 b. [+past, +participle] ⟷ Ø / X + ___ where X = *put, hit, shut, ...*

[+past] とは過去時制のことで，[+past, +participle] とは過去分詞のことである．X + ___ の部分は，X の後に来たらという環境条件を表し，ここでは X が put, hit, shut のような無変化動詞がリストされている．

sing, sang, sung や sink, sank, sunk の場合はどうだろうか．ここでも基本的には同じで，ゼロ形態素を用いて sing, sang-Ø, sung-Ø と分析される．そして (12) の X の部分に sing, sink などが加わる．ただ，1つ重要な違いがある．無変化動詞の場合と違い，sing, sang, sung では母音が変化している．これは分散形態論では以下のような「再調整規則」により処理される．

(13) a. sing → sang/ ___[+past]

b. sing → sung/＿＿［+past, +participle］

　(13) によれば，sing は過去時制の前に来たら sang に，過去分詞の前に来たら sung に変わることを意味する．(13) は便宜上動詞全体を使っているが，厳密には母音の部分の交替であり，動詞は環境条件に入る．そしてそこには sink や ring など，同じパターンを示す他の動詞もリストされる．他にも drive → drove, speak → spoke, eat → ate などでも，ゼロの過去形語尾と母音を変える再調整規則がある．(13) で重要なことは，sang 自体に過去の意味が含まれているのではないということである．過去の意味はあくまでもゼロ形態素が体現しており，sang は sing が再調整規則により形が変わったものである．

　再調整規則は実は生成音韻論のバイブルとも言える *The Sound Pattern of English* (Chomsky and Halle 1968: 236) ですでに提案されている．

　［The readjustment rules］ apply before any of the phonological rules. They express properties of lexical formatives in certain restricted syntactic contexts, and they modify syntactically generated surface structures in a variety of ways.
　(「再調整規則」はあらゆる音韻規則の前に適用する．再調整規則はある限定された統語環境での語彙形式の特徴を述べていて，統語的に生成された表層構造をさまざまな方法で修正する．)

　Halle and Marantz (1993) はこれから 25 年後の出版だが，そこで使われている定義が当初のものとまったく変わっていないことは注目に値する．

　「不規則」動詞のすべてがゼロ形態素を持つわけではない．kept の最後の ［t］ は規則的な played に付く ［d］ と同じと考えられる．つまり kep-t と分析される．t と無声音になっているのは，直前の子音が p と無声音だからで，これは jumped の ed が ［t］ と発音されるのと同じことである．したがって時制形態素の方は，以下の一般規則があてはまる．

　(14)　［+past］ ⟷ /-d/

　再調整規則は以下の通りである．

　(15)　keep → kep/＿＿［+past］

　kep-t が「不規則」なのは動詞の部分が再調整を受ける点だけであり，過去形 (過去分詞) を表す接尾辞は規則的なのである．wept, slept なども同様である．また p は含まれないが，flee と fled にも (14) の一般規則と (15) のような再調整規則がある．さらに did も di-d と分析され，過去接尾辞は (14) の一般規則により

4.3 英語動詞の屈折

得られる．再調整規則は以下の通りである．

(16)　do → di / ＿＿＿ [+past]

sold も同様に sol-d と分析され，(14) と sell > sol という再調整規則がある．told も同様である．heard も同様に再調整規則と (14) を含む．

次に bought や taught を考える．これらもやはり bough-t, taugh-t と分析されるが，kep-t とは違い，bough-t の [t] は (14) の一般規則によるものではない．一般規則による過去時制形態素なら，母音の後は played のように [d] となるはずだからである．ここでは以下の規則が想定される．

(17)　[+past] ⟷ /-t/ / X + ＿＿＿ where Y = *buy, teach, think, …*

再調整規則は以下の通りである．

(18)　a. buy → bough [bɔː] / ＿＿＿ [+past]
　　　b. teach → taugh [tɔː] / ＿＿＿ [+past]
　　　c. think → though [θɔː] / ＿＿＿ [+past]

(18a) では母音が変化しているだけだが，(18b, c) ではそれに加えて最後の子音 (それぞれ ch, nk) が脱落している．同様なことが make でも起こる．過去形の made を ma-de と分析すれば，[d] は (14) の一般規則によるものとして，動詞の部分は以下の再調整規則がある．

(19)　make → ma [mei] / ＿＿＿ [+past]

つまり最後の子音 k がなくなっているのである．同様に，had も，ha-d と分析し，have → ha という最後の子音を消す再調整規則が考えられる．

sent, spent などはどうだろうか．send, spend から，最後の子音を有声音から無声音に変えただけのようだが，こうした操作が過去の意味を生み出す例は他にないので，(17) の規則で sen-t の t を得て，send → sen という最後の子音を消す再調整規則が考えられる．meant も同様に mean-t となり，(17) がかかわってくるが，ここでは子音削除ではなく (15) (keep → kep) で見たような母音を変える再調整規則がある．

過去分詞については，規則的な -ed の他に done, gone, beaten, spoken のように n が出てくるものもある．これには以下の規則が考えられる．

(20)　[+past, +participle] ⟷ /-n/ / X + ＿＿＿ where X = *do, go, beat, speak, …*

beat-en には再調整規則は不要だが do-ne には以下の再調整規則が必要である．

(21)　do [u:] → do [ʌ] / ___ [+past, +participle]

(21) は does にもあてはまるので，以下のように拡大する必要がある．

(22)　do [u:] → do [ʌ] / ___ [+past, +participle] or [-past, 3, sg]

do は3人称単数現在にも再調整がある点で特異だが，say も同様である．says, said では母音は [e] と短くなるので，以下の規則が考えられる．

(23)　say [ei] → sai [e] / ___ [+past] or [-past, 3, sg]

3人称単数現在と過去形の語尾は，規則的な say-s, sai-d である．

　助動詞に目を向けると，might は上述の meant と同様に扱われるが，could, should, would には共通した [ud] の音がある．このうち [d] の部分は (14) の一般規則によるものと考えられる．そして [u] の部分は，もとの can, shall, will の母音を変え，最後の子音を削除する再調整規則の結果である．動詞の stood も同様だが，これはもとの stand にも [d] が含まれているので，過去接尾辞はゼロかもしれない．

　以上が Halle and Marantz (1993) による英語の動詞の分析である．素朴な感想として，「こんな規則を想定するより，そのまま覚えた方がシンプルではないか」というのがあるかもしれない．本節の冒頭で述べた通り，Word-and-Paradigm は屈折の結果できた動詞を1つとして扱う．規則動詞に Word-and-Paradigm を使うと，played が1つの形態素になる問題点は指摘したが，規則動詞と不規則動詞は基本的に違う原理が働いているという説もある．もしそうなら，規則動詞には Item-and-Arrangement を使い，不規則動詞には Word-and-Paradigm を使うという可能性もあり，脳科学の分野ではこのような仮説もある（第5章参照）．しかし不規則動詞の中に形態素を見いだすことを放棄した瞬間，不規則動詞は真の意味で「不規則」になる．規則や原理を発見するのが科学であるなら，こうした姿勢は科学的思考に反する．この意味で，上で紹介したさまざまな規則は，英語の不規則動詞の中に Item-and-Arrangement の原理を徹底的に追求した例として，注目に値する．もちろん，発見された規則や原理を整理統合するのも科学の一部であるので，これらの規則が今後修正されることは大いにあり得る．実際，分散形態論の枠組みの中でも，ゼロ形態素や再調整規則はなくした方が望ましいという Siddiqi (2009) の主張もある．この主張の意義と問題点については，Nishiyama (2010) で述べてあるが，英語の不規則動詞が今後とも目を離せないトピックであることは間違いない．

4.3.2 ブロック（1947）

前項では Halle and Marantz (1993) による英語の動詞の分析を見たが，ここでは Bloch (1947) の分析を見る．両者は Item-and-Arrangement を使っているという点で共通しているが，重要な相違点もある．生成文法 (Halle and Marantz 1993) がアメリカ構造主義言語学 (Bloch 1947) と違う最大の特徴は，派生の概念である．これは「派生形態論」の派生とは違い，古くは「変形」と呼ばれたのだが，要するにある形を別な形に変えることである．4.3.1 項で見た語彙挿入規則や再調整規則は，この意味での派生に相当する．

派生という原理を用いているため，Halle and Marantz (1993) の分析は個々の規則に細分化されているという印象がある．それに対し Bloch (1947) の頃は派生という概念がなかったので，英語の不規則動詞の全体像を捉えるために詳細な分類を行っている．Halle and Marantz (1993) より半世紀近く前で，現在から見ると70年前の分析になるが，今でもその意義は失われていないと思われる．

Halle and Marantz (1993) と同様に，Bloch (1947) も英語の動詞を規則，不規則にかかわらず動詞（Base）と接尾辞に分ける．そして動詞の部分の変化の様相により8種類，接尾辞の部分の変化の様相により10種類に分類し，組み合わせとしては合計 $8 \times 10 = 80$ 種類のパターンが論理的に可能であるとした．実際には組み合わせの数はもっと少なく，偏りもあるが，以下でその分類を見る．

接尾辞のパターンは3人称単数現在形，過去形，過去分詞，現在分詞の4つを基に以下のように分類される．

クラス	3単現	過去形	過去分詞	現在分詞	例
A	z	d	d	ing	tell
B	z	t	t	ing	buy
C	z	0	n	ing	fall
D	z	0	0	ing	put
E	z	d	n	ing	show
F	z	0	d	ing	dive
G	0	d	d	ing	need
H	0	d			can
I	0				must

まず注目したいのは，ゼロ形態素が多くのセルで見られることである．4.3.1 項

で見た通り，これは Item-and-Arrangement を不規則動詞に用いる際の必然で，Halle and Marantz (1993) もこの部分は受け継いでいる．

　AとBのパターンは規則動詞にも当てはまり，実際ブロックの表には live と pass という規則動詞が例に挙げられている．しかし 4.3.1 項で見た通り，不規則動詞でこのパターンを示すものもある．

　最後の3つは助動詞である．need は概ね動詞と同じだが，He need not go. などでは3単現のsがつかない．canやmustなどの法助動詞は分詞を持たない点で動詞と異なる．

　次は動詞本体の形の分類だが，以下のようになる．

グループ1　交替なし（例：beat）
グループ2　過去形で交替（例：take）
グループ3　過去形と過去分詞で交替（例：break）
グループ4　3単現と過去形と過去分詞で交替（例：say）
グループ5　過去形と過去分詞で別々に交替（例：sing）
グループ6　過去形で交替し，3単現と過去分詞で別な形に交替（例：do のみ）
グループ7　過去形と過去分詞で交替し，3単現で別な形に交替し，現在分詞でさらに別な形に交替（例：have のみ）

　beat-beat-beaten では，過去分詞に接尾辞がついているが，動詞の形自体は beat と不変なのでグループ1になる．take-took-taken は take-n で原型と同じ方の動詞が出てくるのでグループ2になる．break-broke-broken は過去形と過去分詞で同じ交替をしていて（グループ3），sing-sung-sang は3つで異なる交替をしている（グループ5）．グループ4の say の動詞部分は，3単現の says で [se] となり，原型の [sei] とは異なっている．[se] は said-said でも現れる．グループ6の do でも3単現の does の動詞部分と過去分詞 done の動詞部分は共に [dʌ] である．過去形だけが [di] と異なる．このあたりは分散形態論分析の (22) と (23) でも捉えられている．

　グループ7の have については，ブロックは /hæf/, /hæ/, /hæs/, /hæv/ という4つの形を想定している．原型は /hæf/ で，/hæv/ は現在分詞で表れる．3単現は ha-s でななく has-Ø と分析され，無声の /hæs/ にゼロ形態素が続く．have to, has to の考慮が背景にあるようだが (Bloch 1947, p. 410)，このような分析の理由はよくわからない．過去形と過去分詞については，(18) で見た分散形態論の分析

4.3 英語動詞の屈折

と同様に子音の脱落した ha- に d がつく分析をしている．

英語の動詞は以上の A〜I のクラス，1〜7 のグループにより分類される．たとえば，live は A1 に，pass は B1 に分類される．A1 と（動詞部分が無声子音で終わっている）B1 が規則動詞で，それ以外はいわゆる不規則動詞である．たとえば tell は A3 に，buy は B3 に分類される．

規則動詞と不規則動詞の両方に分類される動詞も多い．burn は burn-burned-burned と規則的にも変化するが，burn-burnt-burnt と不規則にも変化する．burn-burnt-burnt は B1 だが，動詞部分が無声子音で終わってないので不規則となる．fit は fit-fitted-fitted なら規則的だが，fit-fit-fit なら不規則の D1 である．

2 種類の不規則動詞のパターンを示す動詞もある．spit は spit-spit-spit なら D1，spit-spat-spat なら D3 となる．tread は tread-trod-trodden なら C3，tread-trod-trod なら D3 になる．shrink に至っては 4 つあり，shrink-shrunk-shrunken なら C3，shrink-shrank-shrunken なら C5，shrink-shrunk-shrunk なら D3，shrink-shrank-shrunk なら D5 である．

動詞の意味の違いにより屈折が変わるものもある．shine は I shined my shoes. のような他動詞なら規則的だが，The sun shone. のような自動詞では不規則（D3）である．社会言語学的要素が絡むものもあり，show の過去分詞としては shown (E1) の方が規則的な showed よりは上品とされる．それに対し burned と burnt にはこのような差はなく，この 2 つは**自由交替形**（free variants）である．

助動詞は否定形の縮約の際に本体の部分（母音や子音）が変わる（can-can't, do-don't, must-mustn't, shall-shan't, will-won't）．

Be 動詞はどうだろうか．これこそ例外中の例外で，分析など考えられないと思われるかもしれないが，ここでも Item-and-Arrangement は分析を試みる．まず is は i-s となり，最後の [z] は通常の 3 単現の s と分析される．been も bee-n となり，最後の n は fallen などに出てくる過去分詞の語尾である．am, are, were も a-m, a-re, we-re と分析されているが，よくわからない部分もある．また was は wa-s ではなく was-Ø となる．ちなみに are と were は，複数の他にも 2 人称単数でも使われるので，分散形態論で分析すれば「その他原理」に相当する．

ブロックは Be 動詞用に特別のクラス J とグループ 8 を設定する．すると合計 10 種類のクラスと 8 種類のグループができて，合計 8×10＝80 種類の組み合わせが予測される．そしてブロックは（20 世紀中頃のアメリカの）標準的口語英語の

すべての不規則動詞がどの組み合わせに属するかを検討する．その数は，綴りの違う動詞としては 182 で，上で述べたような複数の不規則タイプに属する動詞を別々に数えると 200 になる．以下がその結果である．

	A	B	C	D	E	F	G	H	I	J	計
1		8	2	26	6		2		6		50
2			14	3		2		3			22
3	7	31	20	44							102
4	2										2
5			12	9							21
6				1							1
7							1				1
8										1	1
計	9	39	48	82	7	2	3	3	6	1	200

分布はかなりの偏りがあるが，まずグループ 3（過去形と過去分詞で同じ交替）が半数以上の 102 というのが目立つ．クラスとしては D（過去形も過去分詞もゼロ形態素）が最も多い．そしてその 2 つの組み合わせである D3（get-got-got, hold-held-held, lead-led-led など）が 44 と最も多い．

4.4 日本語動詞の屈折

4.1 節で形態素の抽出の問題を扱ったとき，日本語の否定形「行かない」をどう分析するかで 3 つの可能性を示した．
(2) a. ik-a の a は動詞の一部で，「行かない」は ika-nai と分析される．
　　b. ik-a の a は独立した形態素で，「行かない」は ik-a-nai と分析される．
　　c. ik-a の a は助動詞の一部で，「行かない」は ik-anai と分析される．
(2a) は学校文法の分析で，(2c) は Bloch (1946) の分析である．そして (2b) はその中間派と特徴づけられる．Shibatani (1990) は，基本的には (2a) を支持しながらも，母音を独立させているので (2b) の要素も含んでいると言える．本節ではこれらの仮説を比較検討していく．最終的には (2b) と (2c) の折衷案を提案する．具体的な分析に入る前に，学校文法とブロックの文法が成立した背景とその意義を概観する．

4.4.1 学校文法

4.1節で簡単に触れたが，学校文法の具体的内容は広く知られている．また4.4.2項でも，ブロックの文法との比較で学校文法の内容を見るので，ここでは学校文法成立の背景とその問題点を考えてみたい．日本語の学校文法を考えるとき，重要な視点が2つある．1つはそれが，たとえ現代日本語を対象にしていても，基本的に古語の文法を基に作られていることで，もう1つは，いくつかある学説の中で，ある特定の学説が選ばれている，ということである．この2つは「形容動詞」を巡る問題を考えれば明らかになる．まずそもそも形容動詞の名前の由来から考えてみる．形容動詞は古語では「静かなり」，現代語では「静かだ」などの語のことをいうが，これは古語の「静かなり」が，「あり」という動詞と同じ活用（ラ行変格活用）をすることから，「形容動詞」と名前がついた．まずここで最初の問題だが，なぜ「静かなり」が1つの語なのだろうか．たとえば「男なり」は「男」という名詞と断定の助動詞「なり」の2語から成るので，「静かなり」も2語ではないのだろうか．そして，実際そういう説はあり，この立場をとる学者は形容動詞というものを認めない．なのに「静かなり」が1つの語であるという学説が，あたかも真実のように扱われている．

もう1つの，たとえ現代日本語を対象にしていても，基本的に古語の文法を基に作られているという問題はさらに深刻である．学校文法では「静かなり」が形容動詞だという理由で「静かだ」も形容動詞に分類される．しかし現代語の「だ」はもう動詞の性質を失っており，活用の点から見ても動詞とは言えない．「行く」と「静かだ」の活用を比べてみよう．

(24) 　基本　　行く　　　　静かだ
　　　否定　　行かない　　静かではない
　　　丁寧　　行きます　　静かです
　　　連体　　行く（時）　静かな（時）
　　　仮定　　行けば　　　静かなら
　　　命令　　行け　　　　静かであれ

2つの活用が似ても似つかないのがおわかりだろう．つまり「静かだ」はまったく動詞ではないのに，学校文法はこれを「形容動詞」と呼ぶのである．

古語を基にする弊害はもう1つ，連体形の設定に現れる．古語にあった終止形と連体形の区別は現代語では「だ」を除いてなくなっている．ならば，少なくと

も現代語の文法を記述するときは連体形という用語をなくせばよいと思うのだが，そうはなっていない．

　もっとも学校文法にもいくつかの言い分はある．1つは，「古典の鑑賞に必要な古語の文法を現代語と関連づけてより理解しやすくするため」ということがある．しかし，そのために我々の母語である現代日本語が，不合理かつ不必要に複雑になっているとしたら，その代償はあまりに大きい．また，日本の生徒たちにローマ字を使った文法は教えられない，というのがあるかもしれない．しかし，戦後間もない頃ならいざ知らず，日本（J-POP）の人気歌手の名前や曲目，歌詞の半分近くに英語（もどき）が溢れている現在，日本語の動詞の表記にローマ字を使うのに抵抗は少ないだろう．また，教育的効果をめざす文法と科学的成果をめざす文法は違う，という考えもあるかもしれない．しかしこの2つは矛盾しない．次に紹介するブロックの文法体系を，その弟子のジョーダン（Jorden, E. H.）は日本語教育の教科書に用いて，これはアメリカで大きな成果を上げている．

4.4.2　ブロックの文法

　ここでいうブロックとは，4.3.2項で英語の動詞の分析を紹介したブロックと同じ人物である．アメリカ構造主義言語学の代表的学者の1人だが，日本語研究の分野では，ブロックは日本語の文法を初めて言語学の視点から分析した研究者として広くその功績が認められている．現在，日本語が言語学の観点で欧文で論じられるとき，それがたとえどんな種類の言語学（理論的，記述的，類型論的，機能的，歴史的）であろうと，ローマ字書きされた日本語の動詞を形態素に分ける際の方法はブロックの文法に基づいている．なお以下で紹介する体系はブロック（1946）以降の成果も含むので，ブロック流の文法と言った方が正確かもしれない．

　ブロックの文法と学校文法を分ける最大の特徴は，五段動詞の扱いに表れる．一言で言えば，ブロックは未然形と仮定形をなくしてしまった．もちろん，ブロックは学校文法を知らなかったので「なくした」という意識があったわけではなく，彼が英語動詞の屈折の分析で使ったItem-and-Arrangementを日本語の動詞にも適用したら，自然な帰結として未然形と仮定形は出てこなかったというだけの話である．具体的には以下のような分析になる．

(25) 五段動詞　　　　　　一段動詞
　　　行かない：ik-anai　　見ない：mi-nai
　　　行けば　：ik-eba　　 見れば：mi-reba

　学校文法では「行か-ない」「行け-ば」となるところを，ブロックはそれぞれik-anai, ik-ebaと分割していることに注目してほしい．学校文法では「行か」を未然形，「行け」を仮定形と呼ぶが，ブロックはともに動詞の部分はik-と不変なので，未然形や仮定形という活用の概念は出てこない．また，もはやik-は5つの段には変化しないので，ik-のような動詞を五段動詞とは呼ばずに「子音動詞」と呼ぶ．語根（root）が子音で終わるからである．それに応じて，「見る」のような学校文法でいう一段動詞は，母音動詞と呼ばれる．子音動詞と母音動詞を比べると，後続の接尾辞が異なることに気付く．/anai/と/nai/，そして/eba/と/reba/はそれぞれ異形態として扱われる．アメリカ構造主義言語学では，どちらが基でどちらが派生された形かという問いはまだなかったので，2つの異形態に優劣の差はない．このような視点は生成文法で始まったのだが，これについては4.4.4項で触れる．

　連用形，終止形，命令形については，ブロックはこのような名称は用いないものの，彼もその存在は認めている．ただ，あくまでも「五段動詞」とは「子音動詞」であり，3つの形はそれぞれik-i, ik-u, ik-eと分析される．-i, -u, -eはそれぞれstem suffix, imperfective suffix, imperative suffixと呼ばれる．また，連体形は現代語では終止形と区別がないので，そもそも必要ない．

　4.3.2項で，ブロックが英語の動詞の分析の際，日本の学校文法が「不規則動詞」と呼んでいる1つの種類の動詞に関して，学校文法よりはるかに細かい分類を試みたのを見た．その同じブロックが日本語の動詞を分析したら，今度は（未然形と仮定形をなくしたという点で）日本の学校文法より，よりシンプルな活用の分類方法にたどり着いたというのは実に興味深い．

　次に使役形と受け身形で学校文法とブロックの文法の差を見る．以下が比較である．

(26) 学校文法　　　ブロックの文法
　　　読ま-せ　　　yom-ase
　　　食べ-させ　　tabe-sase
　　　読ま-れ　　　yom-are

食べ-られ　　tabe-rare

異形態を用いる点では2つの文法は共通している．学校文法では使役と受け身の助動詞はそれぞれ「せ/させ」と「れ/られ」の2種類ずつある．短い方は五段動詞に付き，長い方は一段動詞に付く．ブロックの文法でもそれぞれ ase/sase, are/rare の2種類ずつあり，やはり短い方は子音動詞に付き，長い方は母音動詞に付く．使役に限って規則を述べれば，以下のようになる．

(27) a. 五段動詞の後は「せ」がきて，一段動詞の後は「させ」がくる．
　　 b. 子音動詞の後は -ase がきて，母音動詞の後は -sase がくる．

(a) は学校文法の規則で (b) はブロックの文法の規則である．この2つは似たようなことを言っているようだが，実は重要な違いがある．それは，(b) が日本語の音の基本的パターン，つまり子音と母音が交互に出てくるという決まりをそのまま言っているのに対し，(a) の決まりはどこからくるのかが不明だ，ということである．(b) の決まりでは，逆にして*yom-sase, *tabe-ase となると子音か母音が連続して言いにくいから，ということになるが，(a) の決まりでは逆にして「*読ま-させ」と「*食べ-せ」となるとなぜいけないのか，という疑問には答えを提供しない．使役形については，次節でまた述べる．

もう1つ，可能形で学校文法とブロックの文法の比較を行う．「行く」とその可能形である「行ける」について，学校文法では前者を五段動詞，後者を（下）一段動詞と別々なクラスに分類する．これだと2つの動詞の関係は不透明なままだ．なぜ五段動詞が一段動詞になるのか，その逆はないのか，などの疑問に答えがない．これに対し，ブロックの文法では，「行く」と「行ける」はそれぞれ ik-u, ik-e-ru と分析される．後者の e は子音動詞につく可能接尾辞である．e は母音なので，ik-e の部分だけ見れば母音動詞と変わらなくなる．母音動詞とは学校文法で言う一段動詞なので，可能形は一段動詞のように変化するのである．可能形については，4.4.4項でまた述べる．

4.4.3　活用と統語論の関係

前節ではブロックの文法にかなり高い評価を与えた．しかし，この体系も現代言語学から見ると問題がないわけではない．本節では活用と統語論の関係から活用の分析のあり方を検討する．

まず仮定形から始める．一時的に活用の問題から離れて，条件節の統語的カテ

ゴリーは何か考えてみよう．英語で条件を表現すると，If John goes, となりはっきり節（文）が現れる．日本語の条件節は以下の通り 4 種類の表現が可能である．

(28) a. 太郎が行くと
b. 太郎が行くなら
c. 太郎が行ったら
d. 太郎が行けば

(a) と (b) は終止形の「行く」を含む．4.2 節の (11) で，終止形「見る」の「る」は時制要素として T (tense) の場所にあると考えた．「行く」はブロックの文法を使うと ik-u となり，u の部分が同様に T にあることになる．(c) は完了を表す「た」が含まれ，これも通常は T にあると分析される．つまり，形態的に日本語の条件節は T を含み，文字通り「節」なのである．これから類推すれば，仮定形「行け（ば）」を含む (d) も節であると考えるのは自然である．以下の例からもこれが支持される．

(29) 来年の春入試に受かれば 4 年後には働ける．

一般に節であれば時制要素を含み，それは時の副詞を認可するので，文中に現れることができる．上の文では「来年の春」というときの副詞は「受かれば」という仮定形によって認可されている．すると，仮定形も節であり，時制要素の T を含むことになる．問題はそれに対応する形態素である．(28a-c) では T に対応する形態素がはっきり存在するので，「行け（ば）」にもそれがあるとすれば，それは語尾の e ということになろう．(28d) は以下の構造を持つと考えられる．

(30)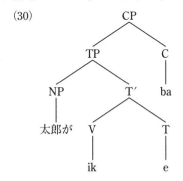

つまり「行けば」は ik-e-ba と分析され，ブロックの ik-eba ではないということである．e は未確定のムード（irrealis）を表すと考えられる．

次に連用形を考える．願望形の「行きたい」は連用形を含むが，英語では want to go となり，不定詞 to が出てくる．不定詞とは時制が定まっていないということなので，to は時制の要素である．すると，「行きたい」は ik-i-tai となり，i は時制の T に相当することになる．以下の通り，連用形「行き」は時の副詞も認可する．

(31) 私は3年前はいつかはヨーロッパに行きたかった．

ここで「3年前」は「～かった」の部分を修飾する副詞だが，「いつか」は「ヨーロッパに行き」に対応する副詞である．

しかし，時制に対応しない連用形もある．丁寧形の「行きます」は複文とは考えられず，また，過去は「行きました」のように「ます」に時制要素がある．したがって，「行き」の部分に時制要素があるとは考えられず，ここでは i は T に相当しない．では何だろうか．詳細は次節で述べるが，子音動詞に「ます」がついた結果できた ik-masu に生じる子音連続を回避するために挿入された母音と考えられる．すると，先程 T と分析した「行きたい」の i も挿入母音ではないか，という疑問がわく．i は1種類だけなのか，2種類の i があってもいいのか，という問題は今後の課題として残しておく．また，「ます」は連用形を形態的に選択するという可能性もあるが，ここでは追求しない．

最後に未然形を考える．先に，学校文法では使役の「行かせ」は未然形の「行か」に「せ」がつくと分析する，というのを見た．この問題はすでに見た通りだが，意味的に考えても矛盾する．「私が太郎を行かせた」は「確定」した事実を言っているのであり，「未然」ではない．こう考えると，a には未然の意味はなく，ブロックの ik-ase を ik-a-se に修正する理由はないということになる．否定形にはもちろん未然の意味があり，ik-a-nai とすることも不可能ではないが，「ない」が未然の意味を含むと考えれば，あえて a に未然の意味を持たせる根拠は希薄であろう．ここでもブロック分析の ik-anai のままでいいと思われる．

しかしながら，古語では a が未然の意味を持っていたと思われる．仮定条件と確定条件を思い出してほしいのだが，古語では「ば」が未然形につくと仮定の意味に，已然形につくと確定の意味であった．「我行かば」なら「もし私が行けば」の意味で，「我行けば」なら「私が行ったので」の意味になる．ここでは yuk-a-ba と分析し，a に未然の意味を担わせる根拠は十分あるといえる．この延長で，否定の「行かず」も yuk-a-zu と分析できる．「ず」自体にも未然の意味はあるが，それが二重に a にも現れていることになる．これに対し現代語では仮定条件と確

定条件の区別はなく,「行けば」は仮定の意味に変化しているので, a を独立した形態素と認定することはできない. (30) で現代語の e は未確定の**ムード**(irrealis) を表すと考えたが, 古語では a がこれに対応すると言える.

4.4.4　活用と音韻論の関係

ブロックが「行かない」,「見ない」を ik-anai, mi-nai と分析したとき, 2 つの異形態 /anai/ と /nai/ の間には優劣の差はなかった. どちらが基本の形か, という問題意識は生成文法において始まったものだが, 本節ではこの視点から活用と音韻論の関係を考える. なお, 2 つの異形態のどちらでもない, 第 3 の形が基本形という可能性もあるが, 日本語ではこれは除外して差し支えない.

日本語の音の基本は子音, 母音, 子音, 母音, と続くパターンであり, 子音の連続や母音の連続は避けられる傾向にある. そのような状況が生じたときの解決法としては, 母音か子音を挿入するか削除する方法がある. 具体的には以下の 4 つのパターンがある.

(32) a. 子音の連続 → どちらかの子音を削除するか, 間に母音を挿入して解決
　　　b. 母音の連続 → どちらかの母音を削除するか, 間に子音を挿入して解決

異形態の基本形を考えるとき, この 4 つの解決法の中でどれがもっとも理にかなっているかが重要になる.

たとえば ik-anai, mi-nai の場合は, /anai/ が基本形なら, mi-nai はもとは mi-anai で, 接尾辞の最初の a が削除されて mi-nai になったことになる. 逆に /nai/ が基本形なら, ik-anai はもとは ik-nai で, 接尾辞の最初に a が挿入されて ik-anai になったことになる. 結論から言えば, 前者の方が正しい. 一般的に挿入には削除より強い理由が求められる. 問題は a が挿入母音として認められるか, ということだが, 先程連用形の ik-i-masu で i が挿入母音であることを見た. 現代は外来語などで u が挿入母音として使われることが多いが (インク＜ink), 明治に入ってきた外来語では i も使われた (インキ＜ink). したがって, i を挿入母音とする根拠はあるのだが, a の挿入については根拠が希薄なのである.

上で mi-nai には母音削除が起こっていることを見たが, 連用形でも母音削除がある. 前節で子音動詞の ik-i-tai では不定詞表示として i があると分析したが, 母音動詞の「見たい」ではこれは出てこない. もとの形は mi-i-tai なのだが, 母音連続のため i が削除されたと考えられる. 一般に 1 つの形態素がまるごとなくな

ってしまうのは稀だが，不定詞表示は意味が希薄なのでなくなっても支障はないのだろう．英語でも，使役の受け身では I was made to go. と to が出るのに，能動文の He made me go. では to がない．同様に，上で見た古語の yuk-a-zu に出てくる未然形語尾の a（未確定のムード）も，母音動詞では消える（「見ず」）．これも，未確定のムードは否定の接尾辞「ず」によって復元できるので，削除が可能なのだろう．

子音に目を向けると，まず子音削除は使役形（tabe-sase, yom-ase）と受け身形（tabe-rare, yom-are）で確認できる．異形態のペア /ase/-/sase/, /are/-/rare/ のうち，短い方の /ase/, /are/ を基本形と考えると /sase/, /rare/ はそれぞれ s, r の挿入が必要になるが，通常 1 つの言語の挿入子音がいくつもあることはないので，/sase/, /rare/ が基本形で，/ase/, /are/ は最初の子音を削除してできたと考えられる．

子音挿入についてはどうだろう．実はこの可能性はあまり追求されていない．終止形（mi-ru, ik-u）の語尾の異形態 /ru/, /u/ についても，/ru/ が基本形で，/u/ は r の削除によりできる，という分析が一般的である．しかし古語を見ると，r は削除されたのではなく，挿入されたという証拠が存在する．現代ではなくなってしまったが，古語には二段動詞という種類があった．現代では「過ぎる」，「答える」というのが，古語では「過ぐ」（上二段），「答ふ」（下二段）という終止形を持っていた．これは sug-u, kotah-u と分析されるが，語幹の部分は /sug/, /kotah/ のように子音で終わるのではなく，/sugi/, /kotahe/ のように母音で終わる．この母音は未然形で出てくる（sugi-zu, kotahe-zu）．問題はなぜこの母音が終止形でなくなってしまうかである．もし終止形の語尾が /ru/ なら，これが語幹に付いたら /sugi/-/ru/ となる．この段階で子音や母音の連続は起こっておらず，そのまま「過ぎる」と現代語と同じ形になりそうだが，古語では「過ぐ」が正しい形である．このことは終止形の語尾を /u/ とすると正しく得られる．そうすると，もとの形が /sugi/-/u/ となり，母音連続が生じる．これを回避するため，語幹の最後の母音が削除され，sug-u となったのである．翻って現代語を考えると，元の形が同じ /sugi/-/u/ なら，現代語の sugi-ru は r の挿入によって得られる．つまり母音連続を解消する方法として，古語では母音削除が行われていたのに対し，現代語では子音挿入が行われているのである．

上の r 挿入の分析は，「ラ抜き」に対して斬新な分析を提供してくれる．「食べ

れる」，「見れる」などの表現は，「正しい」とされる「食べられる」，「見られる」と比べて「ら」が抜けているから「ラ抜き」と呼ばれる．しかし「られ」は可能の意味の他に尊敬や受け身の意味もあり，なぜ可能のときだけ「ら」を抜くことができるのが，疑問が残る．実は可能を表す接尾辞は2つの異形態があり，子音動詞にはe（ik-e-ru），母音動詞にはrare（tabe-rare-ru）が使われる．/e/と/rare/は形はかなり違っており，先の/ru/, /u/のような音韻的な異形態でななく，語源を異にする補完的異形態（suppletion）の例である．ここで，rareは尊敬や受け身の意味もあるので，誤解を避けるため，母音動詞の後にeを用いたと仮定してみよう．するとtabe-e-ruと母音連続ができる．これを回避するためにrを挿入すると，tabe-re-ru（食べれる），という「ラ抜き」表現が現れる．つまり，「ラ抜き」と思われているのは実は「r入れ」なのである．抜いていると思われているものが，実は「足した」結果できている，ということで，見方により世界観が180度転換する例と言えるだろう．

[注]

本章で提示した日本語動詞の分析のさらなる発展としては拙稿（西山國雄 2012, Nishiyama 2016），そして分散形態論の詳細な概説については拙稿（西山國雄 2013）を参照されたい．

より深く勉強したい人のために

- David, Embick. (2015) *The Morpheme*. Berlin, De Gruyter Mouton.
  分散形態論の入門から著者の考えに基づく応用まで含む本．Phase（相）の概念を用いて音や意味が決まる領域を捉える．
- Daniel Siddiqi and Heidi Harley (eds.)（近刊）. *Morphological Metatheory*. Amsterdam, John Benjamins.
  さまざまな形態論のアプローチを整理して今後の分野に発展に寄与することを意図した本．

演習問題

1. 以下の英語の不規則複数形について，分散形態論の枠組みでの分析をしなさい．
   wife-wives   foot-feet   ox-oxen   child-children   sheep-sheep
2. 以下の古語の条件表現のパラダイムは，rが挿入されているという分析と，rが削除

されているという分析のどちらの証拠になるか論じなさい．

行かば，見ば（以上仮定条件）　　行けば，見れば（以上確定条件）

文　献

西山國雄（2012）「活用形の形態論，統語論，音韻論，通時」，三原健一・仁田義雄（編）『活用論の前線』くろしお出版, 153-189.

西山國雄（2013）「分散形態論」, 影山太郎（編）『レキシコンフォーラム No.6』ひつじ書房, 303-326.

Anderson, Stephen R. (1992) *A-morphous Morphology*, New York: Cambridge University Press.

Bloch, Bernard (1946) "Studies in Colloquial Japanese I: Inflection", *Journal of the American Oriental Society* **66**, 97-109. [Reprinted in Miller, Roy Andrew ed. (1970). *Bernard Bloch on Japanese*. New Haven: Yale University Press, 1-24 (邦訳：林栄一監訳 (1975)『ブロック日本語論考』, 研究社出版)]

Bloch, Bernard (1947) English Verb Inflection, *Language* **23**, 399-418.

Chomsky, Noam (1957) *Syntactic Structures*, The Hague: Mouton.

Chomsky, Noam (1970) "Remarks on nominalization". in *Readings in English Transformational Grammar*, Jacobs, Roderick A and Peter S. Rosenbaum ed., Waltham: Ginn & Co. 184-221. [Reprinted in Chomsky, N. (1972) *Studies on Semantics in Generative Grammar*, The Hague: Mouton, 11-61.]

Chomsky, Noam and Morris Halle (1968) *The Sound Pattern of English*, New York: Harper and Row. [Reprinted (1991) Cambridge: MIT Press.]

Halle, Morris and Alec Marantz (1993) "Distributed Morphology and the Pieces of Inflection". in Hale Kenneth and Samuel Jay Keyser (eds.) *The View from Building 20*, 111-76, Cambridge: MIT Press.

Hockett, Charles F. (1954) "Two Models of Grammatical Description," *Word* **10**, 210-233.

Marantz, Alec (1997) "No Escape from Syntax: Don't Try Morphological Analysis in the Privacy of Your Lexicon, "*Proceedings of the 21st annual Penn Linguistic Colloquium: University of Pennsylvania Working Papers in Linguistics* **4.2**, 201-225.

Nishiyama, Kunio (2010) "Syntax within the Word: Economy, Allomorphy, and Argument Selection in Distributed Morphology," *English Linguistics* **27**: 492-502.

Nishiyama, Kunio (2016) "The Theoretical Status of *Ren'yoo* (stem) in Japanese Verbal Morphology," *Morphology* **26**, 65-90.

Shibatani, Masayoshi (1990) *The Languages of Japan,* Cambridge: Cambridge University Press.

Siddiqi, Daniel (2009) *Syntax within the Word: Economy, Allomorphy, and Argument Selection in Distributed Morphology*, Amsterdam: John Benjamins.

Spencer, Andrew (1991) *Morphological Theory*, Oxford: Blackwell.

Stump, Gregory T. (2001) *Inflectional Morphology*, New York: Cambridge University Press.

第5章 語の処理の心内・脳内メカニズム

伊藤たかね・杉岡洋子

　人が語を理解したり産出したりするとき，頭の中ではどのような働きがあるのだろうか．この章では，「**記憶**」（memory）と「**演算**」（computation）という2つの概念を軸に，さまざまな実験結果を紹介しながら，その問題を取り上げて考えてみたい．5.1節と5.2節で語レベルの言語処理をめぐる問題と実験方法を紹介し，5.3節では英語の活用形の処理をめぐる主張と実験結果，5.4節と5.5節では日本語データを使った実験結果について見ていく．

5.1　語のレベルの言語処理

　言語を理解したり産出したりする過程を**言語処理**（language processing）と呼ぶ．コンピュータによる自然言語処理もあるが，ここでは人の頭の中で起こる処理を，「語」（word）のレベルに焦点を当てて考えていく．
　人が母語の語彙についてもっている知識の総体を心的辞書または**メンタルレキシコン**（mental lexicon），あるいは単に辞書または**レキシコン**（lexicon）と呼ぶ．いわば，頭の中の辞書である．単一の形態素から成る語（以下，**単純語**（simple word）と呼ぶ）はレキシコンに**登録**（＝記憶）されていると考えられる．たとえば，［neko］という日本語の音の列や［kæt］という英語の音の列がなぜある種の動物を指す意味を持つのか，必然的な関係はなく，（擬音語や擬態語を除いて）語の意味と形式（発音）との関係は**恣意的**（arbitrary）なものである．意味と音の関係に理由がないのであるから，その組み合わせは覚えるしかない．しかしながら，語の記憶は，ひとつひとつバラバラに覚えているのではなく，意味関係や音や綴りの類似性など，さまざまな軸での関連性がネットワークを成すような形で相互に関連して記憶されているものであることが，5.2節で見るプライミング実験等でわかっている．したがって，単純語を処理する際，人はこの**ネットワーク的記憶**を検索していると考えられる．
　一方，複数の形態素から成る語（以下，**複雑語**（complex word）と呼ぶ）につ

いては，レキシコンに丸ごと記憶され，それを検索しているのか，それとも構成要素である形態素がレキシコンに記憶されており，それを組み合わせる演算によって処理されるのか，という問題が生じる．たとえば，kindness という派生語や greenhouse という複合語などを処理する際に，kind と -ness, green と house という構成要素に分解しているか否か，という問題である．

5.2 心と脳の働きから言語処理のあり方をさぐる

母語話者がどのように言語を処理（理解・産出）するのかについては，心のレベルと脳のレベルとで実験的に調べる方法がある．この節では，前節で見た記憶と演算という2種類のメカニズムに焦点を当てて，いくつかの代表的な実験方法を簡単に紹介する．

5.2.1 心の働きの調べ方

語レベルの処理では，特定の語を語として認識するまでにかかる**反応時間**（reaction time）を計測し，処理がどう行われているかをさぐる手がかりにする手法がよく用いられる．**単語読み上げ課題**（word reading task）では，語を文字で提示し，声を出してその語を読んでもらい，提示から読み上げるまでにかかる反応時間を計測する．**語彙判断課題**（lexical decision task）では，当該言語の単語をその言語に単語として存在しない非単語（疑似単語）の中にまぜて提示し，単語であれば○，非単語であれば×のボタンを押してもらう．音声または文字で単語あるいは非単語を提示し，○×ボタンを押すまでの反応時間を計測する．

単純語を単独で処理する場合，語の認識にかかる時間はその語が使用される**頻度**（frequency）の影響を受け，高頻度のものほど反応が速いことがわかっている．記憶の検索は頻度の高い語ほど容易であるということである．これに対して，演算処理の容易さは頻度による影響を受けるとは考えにくい．したがって，複雑語の処理の際に高頻度語と低頻度語で反応時間に差が観察されれば，記憶の検索を行っていることを示すと考えることができ，**頻度効果**（frequency effect）の有無によって処理に用いられているメカニズムを洗い出すことができる．

また，直前に同一の語や関連した語を処理している場合には反応速度が速くなることがわかっており，**プライミング効果**（priming effect）と呼ばれる．たとえ

ば，同じ「病院」という語の処理であっても，「患者」という意味的に関連する語を処理した直後と「歩行者」という無関係の語を処理した直後とでは前者の方が反応時間が短くなる．レキシコン内で個々の語がバラバラに記憶されているのではなく，関連するものがネットワーク的につながっていると考えれば，先に見たり聞いたりする語（プライム）の処理によって，後に処理する語（ターゲット）はプライムとの関連が強いほど検索が容易になると説明できる．プライミング効果の測定は読み上げでも語彙判断でも行うことができる．

5.2.2 脳の働きの調べ方

言語処理に関連する脳の働き方を調べる方法は大きく2つに分類できる．第一は，**失語症**（aphasia）など言語機能に何らかの「障碍」を持つ人の言語処理を「健常者」の言語処理と比較し，その相違を，障碍を起こしている脳内基盤と結びつけて考える方法である．この考え方は脳の各部位が異なる機能に関与しているとする**脳機能の局在**（localization of brain function）という考え方に基づいている．

出血や萎縮による脳内損傷によって起こる失語症状にはいくつかのタイプがあり，損傷部位と関係することがわかっている（図1参照）．左半球前頭葉のブローカ野周辺に損傷がある場合に起こりやすいとされるのが**ブローカ失語**（Broca's aphasia）と呼ばれる症状であり，さまざまな失語タイプの中でも最も研究が進んでいる．発話に著しい困難があり，ゆっくりつかえながらの発話になる．英語では過去形，複数形などの屈折接辞（-ed, -s など）の脱落や，冠詞等のいわゆる機

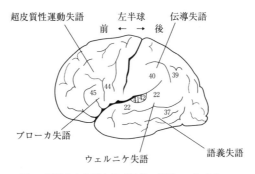

図1 脳部位と失語症状（伊藤・杉岡 2002）より
脳部位を示す数字は Brodmann (1909) の大脳皮質地図による．

能語の誤用や脱落，日本語では，格助詞（「が，を，に」など）の脱落や誤用が多く観察される．名詞や動詞などの内容語は比較的よく保たれている場合が多く，同じ受動文でも，「りんごが男の子に食べられた」のように内容語の意味からどちらがどちらを「食べた」かわかるような場合は理解できるのに対し，「男の子が女の子に押された」のように，どちらがどちらを「押した」かの理解が受動文の統語構造に依存するような場合に理解が困難になることが実験でわかっている（萩原 1998）．この症状は**失文法失語**（agrammatic aphasia）と呼ばれることもあるように，受動文，分裂文等の複雑な統語構造の理解が妨げられることから，文法演算に何らかの障碍が生じているものと理解できる．

　この他の失語症状としては，左半球側頭葉下回に萎縮による損傷の見られる患者に多く見られる**語義失語**，左半球上側頭回のウェルニケ野の損傷による**ウェルニケ失語**（Wernicke's aphasia）などがある．語義失語では，通常の会話ができるものの，難しい語や文字通りの意味と異なる熟語（「腹を立てる」など）の意味を尋ねられると答えられないといった症状を示し，レキシコンの記憶に障碍が生じていると考えられる．ウェルニケ失語は，流ちょうであるものの意味をなさない発話も多く，理解にも困難があり，意図する語と異なる語を用いたり（「消しゴム」の代わりに「鉛筆」と言うなど），意味不明の新造語（ジャーゴン）を用いたりすることが知られている（萩原 1998）．

　これらの失語症のほかに，アルツハイマー病やパーキンソン病などの患者についても言語の脳内処理の研究が行われている．また，このような後天的な脳内損傷のほかに，**特異性言語障碍**（specific language impairment: SLI）や**ウィリアムズ症候群**（Williams syndrome）など，遺伝的要因によると考えられる発達障碍についても研究が行われている．

　言語処理の脳内基盤を障碍の研究から明らかにする際には**二重乖離**（double dissociation）という考え方が重要である．AとBという2グループの異なる症状を示す失語症のタイプの患者群を対象に，XとYという2つの異なる言語処理ができるか否かを調べた場合に，表1の (a) のような結果が得られる場合を二重乖離と呼ぶ．(b) のような1グループの患者群から得られる結果では，XよりYの方が難しい課題であるという単純な解釈が可能である．一方，(c) のような1種類の言語課題では，AよりBの方が重篤な症状であるという解釈が可能である．これらの場合，XとYが異なる脳内基盤を用いた処理であるという結論は導くこ

表1 二重乖離

(a)

	課題 X	課題 Y
症状 A	OK	NO
症状 B	NO	OK

(OK: 正解できる　NO: 正解できない)

(b)

	課題 X	課題 Y
症状 A	OK	NO

(c)

	課題 X
症状 A	OK
症状 B	NO

とができない．これに対して，(a) のような二重乖離が観察されれば，課題の難しさや症状の重さによる説明は不可能であり，2種類の言語処理が異なる脳内基盤に基づいていると考える根拠になるのである．

　言語処理の際の脳の働きを調べる第二の方法は，実際に言語処理を行っている際の脳機能を計測する方法である．特定の認知活動を反映する脳波成分（電位）を計測する**事象関連電位**（event-related potential: ERP）**計測**や，磁場の強さを計測する**脳磁計測**（magnetoencepharography: MEG）など，脳活動に伴う電位変化を計測する手法と，脳活動中の血流等を計測することによって脳のどの部分が活発に働いているかを明らかにする**機能的磁気共鳴画像法**（functional magnetic resonance imaging: fMRI），**ポジトロン断層法**（positron emission tomography: PET），**近赤外線分光法**（near-infrared spectroscopy: NIRS）などの手法が実際に用いられている．脳機能計測技術の発達に伴い，言語処理についても多くの知見が得られてきているが，得られた結果をどのように解釈すべきか，必ずしも合意が形成されていない面もあり，理論言語学研究によって得られた知見を基盤とした言語処理の脳科学的研究が望まれる．

5.3　屈折の二重メカニズムモデル

5.3.1　モデル

　語レベルの処理に記憶と演算というメカニズムがどのようにかかわっているのか，という問いに対して，**二重メカニズムモデル**（dual mechanism model）と呼

ばれる考え方が1つの答えを提示している．周知のように，英語の過去形や複数形の**屈折**（inflection）には**規則活用**（regular inflection）と**不規則活用**（irregular inflection）があるが，規則活用は演算によって，不規則活用はネットワーク的記憶によって処理されるというのが二重メカニズムモデルの基本的な考え方である（Pinker and Prince 1991, Pinker 1999 等参照）．

　子どもの言語発達過程で**過剰一般化**（overregularization）という現象が観察される．goed, holded など，本来不規則活用（went, held）が正しい語に対してまで規則活用をあてはめてしまう現象であり，従来はこれが -ed 付加による規則活用が**規則**（rule）として演算処理されていることの論拠になるとみなされてきた．子どもが周囲から受けるインプットの中に goed, holded などの形は存在しないと考えられるため，これらの発話は子どもが -ed 付加の規則を適用したことの証拠と見なすことができるからである．しかし，実際には，bring の過去形を brang, flow の過去形を flew（正しくは brought, flowed）とするなど，不規則活用を過剰に適用してしまうこともあることがわかっている（Bybee and Slobin 1982, Bybee and Moder 1983）．不規則活用の過去形を一語ずつ「丸覚え」していると考えたのではこの過剰適用を説明することができない．これを説明するために，二重メカニズムモデルではネットワーク的記憶によって不規則活用を処理すると考える．語の記憶が複雑なネットワークを成しているという仮定は 5.2 節で見たプライミング実験等から得られる知見とも整合するものである．この仮定をとれば，sing/sang, ring/rang などの類似パターンから成るネットワークを基盤とする**類推**またはアナロジー（analogy）によって brang が，grow/grew, blow/blew などのネットワークから flew が，それぞれ産出されうると説明できる．これに対して，goed, holded などの過剰一般化は，同じ「過剰適用」であってもアナロジーではなく，-ed 付加の規則によるものと二重メカニズムモデルでは考える．

　このような「過剰適用」についての考察を出発点として，二重メカニズムモデルでは，不規則活用の活用形はレキシコンに記憶されているのに対し，規則活用の活用形はレキシコンに記憶される必要はなく，原形に -ed という接辞を付加する規則によって処理されると考え，表2にまとめるような体系を仮定している．

　5.3.2-5.3.5 項で紹介するように，この体系に基づくと，規則形と不規則形についてさまざまな相違が説明できる．留意すべき重要な点は，頻度や類似性への依存の有無といった違いが演算とネットワーク的記憶という処理メカニズムの本質

表2 英語動詞活用の二重メカニズムモデル (Pinker and Prince 1991)

	実在語の処理	過剰適用 (新語・誤用)	特徴
規則活用 (walk/walked)	演算規則(レキシコンに登録される必要はない)	演算規則の デフォルト的適用	頻度・類似性に依存しない
不規則活用 (sing/sang)	ネットワーク的記憶 (レキシコンに登録)	ネットワーク的記憶に 基づくアナロジー	頻度・類似性に依存

的な違いから生じると考えられることである．

二重メカニズムモデルと対立する主張として，コネクショニズムの考え方に代表される**単一メカニズムモデル**（single mechanism model）がある（Rumelhart and McClelland 1986 など）．このモデルは規則活用の過剰一般化も上で見たネットワーク記憶という考え方で説明できるとする立場で，規則活用と不規則活用の違いは，頻度によるネットワークの強さによると主張する．つまり，圧倒的多数の動詞が規則活用をするため，「原形-ed」はそのパターンとしての頻度（**タイプ頻度**（type frequency））が極端に高く，そのため不規則活用と比べて極度に強いネットワークが形成され，その結果，「規則的」に見える振る舞いをするということである．それに対して，二重メカニズムモデルでは，上で述べたように，規則活用と不規則活用には程度ではなく本質的な違いがあると主張している．両者の間では激しい論争が行われているが（Pinker and Ullman 2002 など参照），言語事実のみからは決着のつかない論争となっており，5.2 節で見たような心や脳の働きからのアプローチが重要となっている．以下では，まず二重メカニズムモデルの根拠となる言語事実と心理実験の結果を概観し，続いて脳科学的な証拠を見ていくこととする．

5.3.2 レキシコンへの登録

規則形が必ずしもレキシコンに登録されず，原形からの演算によって処理されているという仮説はプライミング実験の結果によって支持される．Stanners et al. (1979) は，動詞の原形をターゲットとした語彙判断で，動詞の原形をプライムとした場合と過去形をプライムとした場合とを比較するプライミング実験を行った．規則活用動詞（e.g. burn）では，原形の判断にかかる時間は，プライムが原

形でも過去形（burned）でも差がなかったのに対し，不規則活用（e.g. shake）では，原形のターゲットに対し，過去形（shook）のプライムは原形のプライムよりも弱いプライミング効果しか得られなかった．その後，英語の動詞活用について多くのプライミング研究が行われ，不規則活用については，実験条件により必ずしも一定した結果が得られていないが，規則活用については，原形に対して過去形が原形と同等のプライミング効果を持つことが繰り返し確認されている．これは，規則活用の過去形はそのままの形でレキシコンに登録されておらず，過去形の処理に原形がアクセスされていると考えることで説明できる．

また，レキシコンに語として登録されるか否かは，語形成のインプットとなりうるかどうかによって調べることができる．複合語の内部に複数形や過去形などの統語的要素が入りにくいことが知られているが，例外的に不規則活用の複数形が入りうることがわかっている．たとえば，*claws-mark, *boys-bashing などは容認されないのに対し，teeth-mark, men-bashing などは容認される（Kiparsky 1982）．興味深いことに，このような違いは3～5歳の子どもの言語使用にも見られることが実験で示されている（Gordon 1985）．rats-eater など規則形の複数形を取り入れた複合語は産出されず，rat-eater など単数形を含む形で産出されたのに対して，mice-eater などの不規則形の複数形を含む複合語は高い率で産出されたのである．このような相違は，不規則形の複数形はレキシコンに記憶されているために複合語形成のインプットとなりうるのに対し，規則形は演算によって産出されるためにレキシコンに登録されず，したがって複合語のインプットにならないことにより生じると説明できる．

5.3.3 頻度への依存

英語には，過去形の頻度が他の活用形の頻度に比べて極端に低い動詞が存在する．afford や bear（「がまんする」の意味）などは，通常は can't などの助動詞と共起するため，過去形で用いられることはほとんどない．また，本来 sight-seeing, brain-washing のような -ing 形の名詞として用いられている複合語から，to sight-see, to brain-wash という複合動詞が作られることがあるが，これらの動詞の中には -ing 形や不定形で用いられ，過去形で用いられることがほとんどないものがある．そのような動詞を無理に過去形の文脈に入れると，容認度の差が観察される．

(1) a. I don't know how he afforded it.　　　　　　　　（Pinker & Prince 1991）

b. ?I don't know how she bore the guy.
(2) a. I don't know how he brainwashed people.　　　　　（伊藤・杉岡 2002）
　　　b. ?I don't know where he sightsaw.

過去形の頻度が極端に低い場合，規則形は容認されるが，不規則形は容認されにくい，ということである．不規則活用において活用形自体の頻度に容認度が依存していることは，たとえば to typewrite という動詞を考えると，受動分詞が形容詞として用いられる頻度が高いために過去分詞の容認度は高いが（たとえば typewritten document），過去形の容認度は低い（?typewrote）ことからも支持される．これらの言語事実から，不規則活用は頻度に依存しているのに対し，規則活用にはそのような依存が見られないことがわかる．こうした現象は，記憶には必然的に頻度が関与する（頻度の高いものほど記憶されやすい）ことから，自然な説明が与えられる．

5.3.4　類似性への依存

英語の動詞の不規則活用は，いくつかの音韻的類似性に支えられたパターンに分類できる．たとえば，swing/swung, cling/clung などに見られる [ɪ] と [ʌ] の交替は語末が軟口蓋鼻音 [ŋ] で終わる動詞に多く見られ，明らかな音韻的類似性が見られる．さらに，軟口蓋音ではなく歯茎鼻音 [n] で終わる spin/spun や鼻音でない軟口蓋閉鎖音 [k/g] で終わる stick/stuck, dig/dug などの例もあり，軟口蓋鼻音という典型例を中心に，鼻音，軟口蓋音など，典型例に類似するものがそのパターンをとるということがわかる．他にも，keep/kept, kneel/knelt などのパターン，grow/grew, blow/blew のパターンなど，不規則活用のパターンに音韻上の類似性は容易に見いだすことができる．これに対して，規則活用は，借用語で英語の音韻パターンからはずれている語（すなわち，他の規則形の語に類似しない語）も含め，問題なく適用される（たとえば，triage [trɪɑːʒ] はフランス語からの借用語であり，語末に [ʒ] が現れるなどの点で英語固有の音韻パターンからはずれているが，動詞用法では規則形の triaged が用いられる）．このように，不規則活用は音韻的類似性に依存しているが，これは語の記憶が種々の類似性を基盤とするネットワーク的性質を持つことから説明できる．一方，規則活用は演算処理であるため，そのような類似性への依存はないと考えられる．

　この類似性への依存という現象は，心理実験でも明らかにされている．5.3.1 項

で子どもの言語使用に規則活用・不規則活用の過剰適用が見られることを紹介したが，同じ現象は，実際に存在しない実験用の新語に対して成人でも観察される．blip という新語に対して規則活用を適用して blipped, sprink に対して不規則活用を適用して sprunk といった過去形が産出されるのである．このような新語への適用について，規則活用と不規則活用で質的な相違が見られることがわかっている（Prasada and Pinker 1993）．規則活用の場合は，ploamph のような英語の実在語に音韻的に類似しない新語に対しても，ploamphed という活用形が問題なく産出されるのに対して，swing/swung, cling/clung に見られるような母音交替による不規則活用は，音韻パターンに類似した sprink 等の新語には適用されるが，音韻的に類似しない nist に適用されて nust が産出されることはないのである．すなわち，不規則活用が過剰適用できるかどうかは同じ活用の音韻パターンへの類似性に左右されるのに対し，規則活用はそのような類似性への依存が見られないと結論づけられる．

5.3.5 デフォルト適用としての規則活用と語の内部構造

不規則活用をする動詞が，名詞に転換された後で再び動詞に転換された場合，規則活用になる現象が知られている（Kiparsky 1982, Kim et al. 1991）．

(3) a. He {flied / *flew} out to the center field. （「フライを打ち上げる」の意味で）
　　b. He {grandstanded / *grandstood} to the crowd.

fly や stand は本来不規則活用をする動詞であるが，(3a, b) は，これらの動詞が「フライボール」「観客席」を意味する名詞になり，その名詞から「フライを打ち上げる」「スタンドプレーをする」という意味の動詞に再度品詞転換が起こっている例である．(3) の例は，これらの動詞がもとの動詞の不規則活用形を受け継がず，規則活用になることを示している．

この事実は，不規則活用をすると指定された有標の語彙項目以外のすべてに規則活用が**デフォルト規則**（default rule）として，おしなべて適用されると考えることで説明できる．ここでは，(4) に示すようにこれらの語が主要部を持たない構造を持つことに注意が必要である．

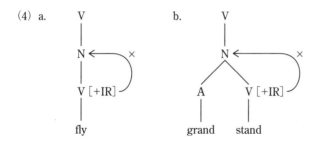

不規則活用をすることを示す素性を仮に [+IR] と表記する．(4) の構造において，動詞が持つ [+IR] の素性は，N には受け継がれない．V が N の主要部ではないからである（N になった段階で「不規則形の過去形を持つ」という素性は意味を持たないと言い換えてもよい）．したがって，それをさらに V に品詞転換してもその V は [+IR] を持たない．そのため，デフォルト規則である規則活用が適用されると考えることができる．

5.3.6 脳科学的検証

5.2.2 項で見たように，処理にかかわる脳の働きを調べる方法は失語症に代表される障碍の研究と脳機能計測とに大別されるが，いずれの方法も二重メカニズムの検証に用いられてきた．

Marin et al. (1976) は，失文法患者が，たとえば trousers のように複数形で特別の意味を持つ語として記憶されている語は正しく発音できるのに対して，発音上は同等の misers のような複数形では屈折接辞 -s の発音ができないことを示したが，この観察は失文法患者が文法規則の演算処理に困難があると考えることで説明できる．また，Marslen-Wilson and Tyler (1997) は，失語症患者を対象とするプライミング実験で規則活用と不規則活用の処理に二重乖離が見られることを報告し，2 種類の活用の処理が異なる脳内メカニズムを用いるものであることを示唆して注目を集めた．

Ullman (2001) は，二重メカニズムモデルの「演算」と「ネットワーク記憶」を，それぞれ**手続き記憶**（procedural memory）と**宣言的記憶**（declarative memory）という，言語処理に特化しない 2 つの異なる心的メカニズムによって説明するモデルを提案している．この中で，(i) いわゆる失語症を大きく前頭部に病巣のある場合と後頭部に病巣がある場合とに分けると，前者で規則形の処理，後者で

不規則形の処理に困難が見られること，(ii) 脳変性を伴う病気の中で，パーキンソン病，ハンティントン氏病のように運動機能・運動制御に障碍のある患者と，アルツハイマー病など記憶に障害を持つ患者とで，前者が規則形，後者が不規則形の処理に困難を来たすこと，さらに (iii) 特異性言語障碍やウィリアムズ症候群などの発達障碍でも，前者が規則形，後者が不規則形の処理に困難があることを報告し，多面的に2つのタイプの屈折処理に二重乖離が観察されることを明らかにしている．

　脳機能計測を用いた研究からも二重メカニズムを支持する種々の証拠が得られている（Newman et al. 2007 など参照）．事象関連電位（ERP）計測では，規則活用にかかわる違反に対しては，統語的違反の場合に観察される**左前頭陰性波**（left anterior negativity: LAN）と呼ばれる成分が観察されているのに対し，不規則活用にかかわる違反では意味違反やレキシコンの記憶処理にかかわると考えられるN400 という成分が観察されている．また，脳の賦活部位を同定する fMRI などを用いた研究では，規則活用の処理と不規則活用の処理とで賦活の見られる部位が異なるという結果が報告されており，二種の活用が異なるメカニズムを用いていることを示唆している（Marslen-Wilson 2007）．これらの研究結果は細部でさまざまな不一致を見せている側面もあるが，今後さらにデータを蓄積し議論を重ねることによって，語の処理の機序を明らかにすることに脳科学的研究が大きく貢献することが期待される．

5.4　日本語の名詞化の処理

　英語の屈折の処理について提唱されている二重メカニズムモデルに対して，日本語の派生形態論における語形成は格好の研究対象を提供してくれる．なぜなら，英語の屈折は規則変化では接辞 -ed が付加される（walk/walked）のに対して，不規則変化では語幹の母音が変化する（run/ran）ことが多いため，接辞付加か母音変化かという音韻的な違いが両者の処理の違いに関与する可能性が排除できない．実際，Joanisse & Seidenberg (1999) などは，音韻的違いによって英語の2種類の活用の相違を説明するモデルを提案している．それに対して，**膠着言語**（agglutinative language）である日本語では，以下で見るように，同じ接辞付加という操作による名詞化や複雑述語形成において，規則的な演算とネットワーク的記

憶という二分法が見られるため,音韻的な違いによる影響を排除できると考えられる.

日本語の語形成についての心理・神経言語学の観点からの研究はまだ緒に就いたところであるが,5.4節と5.5節では,その一端として,日本語の名詞化接辞および複雑述語についての心理・神経言語学的な検証と考察を紹介する.

5.4.1 名詞化接辞「-さ」と「-み」の違い

「-さ」と「-み」は共に形容詞から名詞を派生する接辞だが(「重さ/重み」),両者にはさまざまな違いが存在する.まず,派生接辞にはかなり自由に派生語を作れるものと,一部の語にしか付かないものがあり,「**生産性(productivity)**」の違いが見られ,「-さ」と「-み」の生産性にも大きな違いがあることが知られている(Sugioka 1986,影山1993など).「-さ」は形容詞,形容動詞の語幹にほぼもれなく付加することができる.これに対して,「-み」は限られた30ほどの高頻度の形容詞に付くので,どの形容詞に付くかは予測不可能であり(5a),形容動詞には原則的に付くことができない(5b).(次の#は可能だが実在しない語,**語彙的ギャップ**(lexical gap)をあらわす).

(5) a. 暖かみ/#熱み#寒み,高み/#長み,面白み/#つまらなみ
　　b. *静かみ,*豊かみ,*愉快み,*温厚み

また,「-さ」は派生語,複合語,外来語にも付くが,「-み」はそれらには付かない.

(6) a. 子供らしい→子供らしさ/*子供らしみ,素人っぽさ/*素人っぽみ,
　　　 だまされやすさ/*だまされやすみ,会いたさ/*会いたみ
　　b. 根深い→根深さ/*根深み(cf. 深み),暑苦しさ/*暑苦しみ,
　　　 気弱さ/*気弱み,礼儀正しさ/*礼儀正しみ,計算高さ/*計算高み
　　c. タフさ/*タフみ,キュートさ/*キュートみ,ヘルシーさ/*ヘルシーみ

この生産性の違いから,「-さ」はどのような形容詞・形容動詞にもデフォルト的(5.3.5項参照)に付加すると考えられる.さらなる証拠として,「-さ」は次のような新しく造られた形容詞や形容動詞の語幹にも付くことができる.対照的に,「-み」はこのような性質を示さない.

(7) ケバい→ケバさ/*ケバみ,ダサさ,エロさ,キモさ,イマイチさ,マジさ

次に意味について見ると,「-さ」が付く名詞(サ形名詞)は,「(形容詞/形容

動詞語幹）である程度，事実」という抽象的な概念を表し，「悪さ＝いたずら」のようなごく少数の語彙化した例を除いて，その意味はもとの形容詞または形容動詞から計算可能である（8a）．しかし，「-み」が付く名詞（ミ形名詞）の場合は，(8b)に示すように派生名詞が場所や形，感覚などさまざまなものを表すために，その意味の予測がむずかしい．

(8) a. 池の深さ＝深い程度，主張の正しさ＝正しいこと
  b. 深み（にはまる）＝深い場所，丸み＝丸い形，強み＝強い点，苦み＝苦い味

したがって，サ形名詞の意味をレキシコンに登録する必要はないが，ミ形名詞は個々の意味が登録されていると考えられる．

これらの違いから，二重メカニズムモデルに基づいて次の仮説を立てることができる．

(9) 形容詞/形容動詞語幹への「-さ」の付加：演算によるデフォルト規則
  「形容詞語幹-み」：ネットワーク的記憶によるレキシコンへの登録

つまり，「-さ」は規則によって付加されるため，「形容詞/形容動詞語幹-さ」という派生形はレキシコンに登録される必要がないのに対して，「-み」の派生形はもとの形容詞と関係づけられた形（「高み-高（い）」）で登録されると考えられる．ただし，5.3節で述べたように，ネットワーク的記憶はアナロジーによる過剰適用を許すので（bring/brangなどの言い間違い），「-み」が例外的に形容動詞語幹に付加すること（e.g. 真剣み，まろやかみ）は，アナロジーによる派生と捉えることができる．

以下では，筆者らが行った共同研究における容認度判定実験，失語症患者を対象とした実験，およびプライミング実験による (9) の仮説の検証について見ていく．

5.4.2 容認度判定実験

Hagiwara et al. (1999) は，二重メカニズムモデルを屈折接辞以外に展開させたもっとも早い研究の1つである．二重メカニズムモデルはもともと複雑語全般の処理について立てられたものであるが，実際には英語などの屈折接辞を対象として検証されてきた．これは，特に英語の動詞や名詞の活用に規則形と不規則形の区別がはっきりとあるのに対して，派生形態論の名詞化等の語形成においては接辞によって生産性が異なり，活用の場合のような規則形と不規則形の対立を見い

だしにくいためと考えられる（英語の派生形態規則の処理を二重メカニズムモデルの観点から取り上げた数少ない先行研究としては，Alegre and Gordon 1999a が挙げられる）．しかし，日本語のような膠着性の高い言語においては，派生形態論の接辞にもデフォルト規則の生産性を示すものがあり（伊藤・杉岡 2002），その代表的な例が5.4.1項で見た派生接辞の「-さ」である．Hagiwara et al. (1999) では，「-さ」と「-み」の違いに注目して健常者による容認度判定実験と失語症患者を対象とする実験が行われた．

これらの実験では，(8a, b) で見たようなサ形名詞とミ形名詞の意味の違いを利用して，それぞれの名詞形が自然である文脈と不自然になる文脈を作成した．

(10)「-さ」優先文：ブロック塀は地震に弱い．
　　　　　その {弱さ/? 弱み} が震災で証明された．
(11)「-み」優先文：レバーはくさいので食べにくい．
　　　　　牛乳につけるとその {? くささ/くさみ} がぬける．

まず，容認度判定実験では，日本語を母語とする大学生115名がそれぞれの名詞形の容認度を5段階で判定した．実験文には，実在語の形容詞に対応するサ形名詞とミ形名詞に加えて，和語の形容詞に音韻的に類似する新語 (12a) と類似しない新語 (12b) に対応する名詞形が用いられた．

(12) a. 和語形容詞に音韻的に類似する新語：まくい，しまかい，とかい，など
　　　b. 和語形容詞に音韻的に類似しない新語：れめい，ぬちい，ぱめりい，など

新語に対応する名詞形（「まくさ，まくみ」）の容認度については「-み」優先文の結果が興味深い（図2）．ミ形が好まれる文脈であるにもかかわらずサ形がミ形より容認度が高かった（図2a）．実在語を含む文の判定では，「-み」優先文においてミ形の方がサ形より容認度が高い結果が出ているので，「-み」優先文での新語に基づくミ形の容認度の低さは新語に基づくミ形そのものの不自然さを示していると考えられる．そして，新語に基づくサ形が「-み」優先文であるにもかかわらずより自然だと判定されていることは，「-さ」の付加のデフォルト性を示していると解釈できる．さらに，実在語に類似する新語と類似しない新語に対応する名詞形の容認度を比べてみると，「-み」優先文では，類似する新語のミ形名詞（「まくみ」）の方が，類似しない新語のミ形名詞（「れめみ」）より容認度が高かったのに対して，サ形名詞ではそのような違いが観察されなかった（図2b）．「-さ」が不自然な形の新語に対しても付くことは，5.3.3項で見た，-ed が不自然

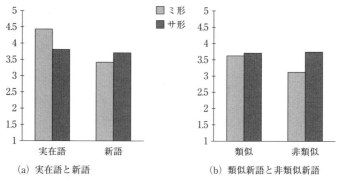

図 2 「-み」優先文における容認度判定 (5 点満点)

な動詞にも付加する (e.g. ploamphed) という実験結果 (Prasada & Pinker 1993) と呼応するもので,「-さ」のデフォルト性を示すと考えられる.これに対して,実在語に類似するかどうかという要因によってミ形名詞の容認度が影響を受けることは,「-み」の新語への付加がある種のパターン性に左右されることを示していると考えられる.これは,上で見た英語の不規則活用が音韻的類似性に依存するという先行研究の結果と平行的であり,ミ形の処理がネットワーク的記憶に基づくとする (9) の仮説に合致する.

このように,健常者に対する容認度判定実験によって,「-さ」の付加がデフォルト性を持つ規則でそこに演算処理がかかわるのに対して,ミ形名詞の処理にはネットワーク的記憶がかかわっている可能性が示された.

5.4.3 失語症患者を対象とした実験

さらに,Hagiwara et al. (1999) では,(10)(11) と同じ文脈の差異を利用した実験を失語症患者を対象にして行った.実験に参加したのは以下の種類の失語症の患者と,比較のための健常者グループである.

(13) 失文法(ブローカ)失語 4 名,ウェルニケ失語 3 名,語義失語 3 名,
    超皮質性運動失語 2 名,健常者 12 名 (5.2.2 項の図 1 参照)

この実験では,(10) と (11) それぞれの文脈におけるサ形名詞とミ形名詞の二者択一課題が与えられた(各 6 文計 24 文).以下では,失文法(ブローカ)失語と語義失語の対比を中心に見ていくことにする.

5.2.2 項で述べたように，失文法（ブローカ）失語では演算が障碍されるため，「−さ」優先文でもサ形が選ばれにくいことが予測される．それに対して，レキシコンに障碍を持つ語義失語の場合は，「−み」優先文でもミ形が選ばれないことが予測される．

実験の結果は実在語と新語で異なり，実在語では失語証患者も健常者と同様に「−さ」優先文でサ形，「−み」優先文でミ形が選択された．その理由としては，この実験ではサ形とミ形いずれも可能な高頻度の形容詞を用いたため，ミ形だけでなくサ形もレキシコンに登録されている可能性が考えられる．ちなみに英語の規則活用形でも，頻度の高い語はレキシコンに登録される可能性が報告されている (Alegre and Gordon 1999b)．

しかし，新語を用いた実験では，図3に示すように失語症のタイプによって異なる結果が観察された．「−さ」優先文のサ形選択率はブローカ失語患者では平均50％であったのに対して，その他のタイプでは平均90％を超えていた（図3 (a)）．二者択一の選択課題における50％という結果はランダムな選択と考えられ，ブローカ失語ではどちらの名詞形も用いることができないことを示している．ミ形が用いられないのは「−さ」優先文の文脈のせいであるが，サ形が用いられないことは，ブローカ失語患者において新語への「−さ」の付加が困難であることを示すと考えられる．語義失語患者では「−み」優先文のミ形選択率が平均17％と低く，ブローカ失語の平均71％と対照的な結果が観察された（図3 (b)）．語義失語患者が新語のミ形名詞を選択できなかったことは，ミ形にかかわるネットワーク的記憶に基盤を持つアナロジーがうまく機能していないためと考えられる．

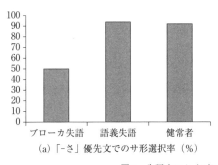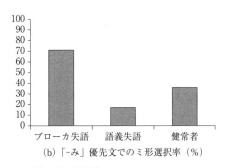

(a)「−さ」優先文でのサ形選択率（％） (b)「−み」優先文でのミ形選択率（％）

図3 失語症のタイプによるサ形とミ形の選択率

以上のように，失語症患者を対象とした実験では，左半球前頭葉のブローカ野に病巣のあるブローカ失語患者がミ形名詞の選択ができてサ形名詞はできないのに対して，側頭葉に障碍のある語義失語患者ではまったく逆のパターンが示された．この「二重乖離」（5.2.2項参照）は，それぞれの名詞形の処理に異なる脳内部位がかかわっていることを示していると考えられる．さらに，ブローカ野が統語演算を司るのに対して側頭葉が（連想）記憶を司るというこれまでの脳科学研究の知見と合わせて考えると，この結果は5.4.1項で示した二重メカニズムモデルに基づく分析，すなわちサ形名詞の処理には形容詞への「-さ」の付加という演算規則の適用がかかわっているのに対してミ形名詞はネットワーク的記憶によって処理されているという仮説 (9) を支持するものだと言える．また，ブローカ失語については，これまでの研究では文レベルの統語規則の適用における障碍が注目されてきたが，それに加えて語レベルの規則の障碍をも含む可能性があることがここで示された．したがって，ブローカ野の担う演算という心内メカニズムが言語単位の大きさ（文 vs. 語）によらないものであることが示唆されたと言える．

5.4.4 プライミング実験

5.3.2項で述べたように，プライミング実験によって，ある語形におけるレキシコンへのアクセスと形態素からの演算処理について検証することができる．金丸ら (2005) では，派生接辞「-さ」と「-み」が付いた名詞と元の形容詞の関係を調べるために，大学生51名を対象にしたプライミング実験が行われた．

実験では，プライムとしてサ形名詞（e.g.「近さ」）とミ形名詞（e.g.「高み」）を聴覚呈示し，ターゲットとして対応する形容詞を平仮名で視覚呈示し（「ちかい，たかい」），それぞれの語彙判断にかかる反応時間を計測した．そして，このテスト条件を，同一形容詞を用いた反復条件（「近い-ちかい」）と異なる形容詞を用いた統制条件（「固い-ちかい」）と比較した．

その結果，図4に示すように，プライムがサ形名詞である場合は反復条件とテスト条件の反応時間の差が小さい（統計的に有意でない）のに対して，ミ形名詞である場合は反復条件とテスト条件の差が有意であった．

この違いは，サ形名詞の処理においては形容詞語幹が直接的にアクセスされるためにもとの形容詞が想起されやすいのに対して，ミ形名詞の処理にはそのような過程がないためにもとの形容詞が想起される度合いがより低いと考えることで

5.4 日本語の名詞化の処理

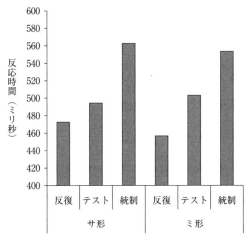

図 4　プライミング実験の結果

説明できる．つまり，このプライミング実験の結果は，サ形名詞が規則によって派生されるのに対してミ形名詞がそのままレキシコンに登録されているとする (9) の仮説と整合的な結果だと言える．

5.4.5 まとめと残された問題

以上見てきたような実験結果は，名詞化接辞「-さ」の付加が演算規則によるのに対して，ミ形名詞はレキシコンにリストされるという，二重メカニズムモデルに基づく仮説を支持するものである．これは，過去形などの屈折変化の研究に基づいて提唱されてきた同モデルが，派生形態規則による語形成にも適用されうることを示している点で非常に興味深い．

その一方で，残された問題も存在する．屈折変化は時制や数などの文法的な性質を標示するため，常に意味的に透明であると言える．それに対して，派生語では，ここで取り上げた名詞化のように品詞が変わるケースも多く，さらに意味が透明ではなく語彙化する例もある（たとえば「悪さ」(＝いたずら))．そのため，最近の研究では，屈折変化と派生形態規則による語形成が異なる性質を持つという主張も見られる．たとえば, Clahsen et al. (2003) はプライミング実験と語彙判断実験によるドイツ語の屈折変化と名詞化の比較を行っている．その結果，ドイ

ツ語の生産的な接辞による名詞化にも規則による演算がかかわるケースがあることが示唆されたが，それらの名詞化においては，屈折変化の規則活用とは異なり，派生形がレキシコンに「語根＋接辞」の形でリストされると考えられると述べている．5.4.3項で見た日本語の名詞化についての失語症患者を対象とする実験結果においても，サ形名詞のうち頻度が高い既存語はレキシコンにリストされている可能性が示された．したがって，規則によって派生されると考えられる派生語とレキシコンの関係についての詳細な検証が必要である．特に，リストされる可能性がある高頻度の派生語と，そのような可能性が考えにくい低頻度の派生語，新造語，統語的な接辞を含む派生語などとの比較を通した，さらなる検証が望まれる．

5.5 日本語の使役構文の処理

5.5.1 日本語の2種類の使役構文

使役構文（causative construction）は動作主が対象に働きかけて，ある現象を引き起こすことを表すが，日本語には次の2種類の使役動詞が存在する．

(14) a. 先生がカードを机の上に並べる．［カードが並ぶ］
b. 先生が生徒を校庭に並ばせる．［生徒が並ぶ］

ここでは，自動詞「並ぶ」に対応する他動詞形 (14a)「並べる」を語彙的使役動詞 (lexical causative: LC)，自動詞語幹に接辞 -(s)ase が付いた (14b)「並ばせる」をサセ使役動詞 (*sase* causative: SC) と呼んで区別する．

LC と SC には，形態および統語的に多くの違いがあることが指摘されてきた (Shibatanai 1976 など)．まず，SC は語幹が母音で終わる動詞は -sase (tabe-ru/tabe-sase)，子音で終わる動詞は -ase (narab-u/narab-ase) となり，その形態が完全に予測可能である．それに対して，LC ではよく似た音形の自動詞でも他動詞の音形は大きく異なる場合があり，形態が必ずしも予測できない．

(15) あく / あける（*あかす） vs. 沸く / 沸かす（*沸ける）．

さらに，SC の接辞 -(s)ase は意味的に可能なすべての動詞に付加できるのに加えて，派生語，複合語，借用語などからも SC を作ることができる．

(16) 名詞転換動詞（愚痴らせる）；派生動詞（悔しがらせる，強めさせる），
複合語（食べ過ぎさせる，cf. *食べ過ごす）；借用語（コピらせる，ググらせ

る)

対照的に，LC には，意味的に可能な他動詞形が存在しないという「語彙的ギャップ」が見られる．

(17) 疲れる/#疲らす，さびる/#さびらす・#さびす

このように，SC は生産性が高いのに対して，LC は生産性が低く，またその形態は予測できない性質を示す．

次に，SC は (18a) のような埋め込み構造を形成するのに対して，LC は (b) の単文構造を持つと考えられる．

(18) a. NP が NP_i に [PRO_i (NP を) V]-させ
b. NP が NP に (NP を) V

その証拠として，SC は再帰代名詞「自分」の解釈 (19a) や副詞のスコープ (20a) に両義性を示すのに対して，LC ではどちらも両義性を示さないこと (19b, 20b) が挙げられる．つまり，LC (19b, 20b) は (19cf, 20cf) のような対応する自動詞のない他動詞の文と同じ単文構造を持つと考えられる．

(19) a. 母親$_i$ が子ども$_j$ に自分$_{i/j}$ のセーターを着させた．
a'. 母親$_i$ が子ども$_j$ に [PRO_j 自分$_{i/j}$ のセーターを着] させた．
b. 母親$_i$ が子ども$_j$ に自分$_{i/*j}$ のセーターを着せた．
cf. 母親が子どもに自分のセーターを与えた．
(20) a. 母親が [子どもを素早く車に乗] らせた．(素早いのは母親または子どもの動作)
b. 母親が子どもを素早く車に乗せた．(素早いのは母親の動作)
cf. 母親が子どもを素早く写真に撮った．

以上のような違いから，SC と LC の産出と処理過程について，二重メカニズムモデルに基づく次のような仮説を立てることができる．

(21) SC　サセ使役：動詞語幹 -(s)ase（着＋させ）という規則に基づく演算
LC　語彙的使役：自動詞形（着）と他動詞形（着せ）がネットワーク的に関連づけられた形でレキシコンに登録される

5.5.2　失語症患者を対象とした実験

(21) の仮説を検証するために，失文法患者 3 名と比較のための健常者 3 名を対象とした実験が行われた (Sugioka et al. 2001，伊藤・杉岡 2002)．まず，使役形の産出を調べるための実験では，SC と LC の意味的な違いを利用した課題が使われ

た．つまり，SC では使役者が被使役者に間接的に働きかけて動作を行わせるのに対して，LC では使役者が直接的に現象を引き起こすという意味上の違いがある．そのため，SC では被使役者を表す目的語は有生名詞でなければならないが，LC では逆に無生物の目的語が自然である．

(22) a. 案内係を入口に {立たせる／*立てる}．
　　 b. 案内板を入口に {立てる／*立たせる}．

この対立を用いて，次の3種類の文脈を使った空所補充課題と，同じ3種類の文脈で「{立った・立てた・立たせた}」のような3者択一の選択課題が与えられた．

(23) a. 非使役文：赤ちゃんがやっと一人で立（　）た．（立った）
　　 b. 語彙使役文：太郎が本を本棚に立（　）た．（立てた）
　　 c. サセ使役文：母親が電車で子供を立（　）た．（立たせた）

(21)の仮説によると，失文法患者は演算に障碍があると考えられるため，SC の成績が健常者より悪いのに対して，LC では差がないことが予測される．

実験の結果（図5）からわかるように，失文法患者の SC 産出課題の正答率は健常者を下回り，失文法患者にとっては，LC と比較して SC を作ることが困難であることがわかった．

さらに，使役文の理解を調べるために，次のような文についてその内容をあらわす絵と照合させる課題が行われた．

(24) a. 太郎が花子を水中に沈めた．
　　 b. 太郎が花子を廊下に立たせた．

その結果，失文法患者では SC 文の正答率（62.5%）が LC 文（75.9%）を下回っ

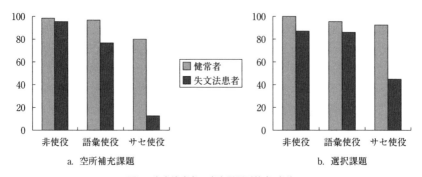

図5　失文法患者の産出課題正答率（%）

た．これは失文法患者では SC 文の項構造の理解が妨げられているためと解釈することができる．言い換えれば，埋め込み構造（(18a´) 参照）から解釈される意味役割，つまり，(24b) の例では太郎が使役者であり，花子は被使役者であると同時に「立つ」という動作の動作主であるということの理解が，失文法患者においては完全ではないと考えられる．

　このような失文法患者を対象とした一連の実験は，SC と LC の産出と理解に脳の異なる部位がかかわっている可能性を示唆し，二種類の使役形（着せる／着させる）が異なる心内メカニズムによって処理されるとする (21) の二重メカニズムモデルに基づく仮説を支持するものである．これに加えて，動詞の活用語尾など統語的演算に遺伝による障碍を示す特異性言語障碍（SLI）の子どもを対象とした実験においても，SC 文の産出が LC 文の産出より困難だったという結果が報告されている（Fukuda and Fukuda 2001）．

5.5.3　今後の展望

　日本語の使役文についての従来の統語研究において，SC は統語部門で派生するのに対して，LC は語彙部門（レキシコン）でリストされるという分析が多く採られてきた．ここで紹介した実験結果は，心内・脳内処理の観点から SC と LC の異なる理論的位置づけが妥当であることを示すものだといえる．しかし，これらの使役形と 5.4 節で見た派生名詞とには大きな違いがあることも事実である．上でも少しふれたように，LC 構文は単文構造であるのに対して，SC 構文は埋め込み構造を持つと考えられ，二者の違いは派生名詞の場合のように形態や意味の規則性にとどまらない．したがって，SC 構文と LC 構文の統語的処理の違い，特に埋め込み構造の存在の影響について，さらに検証する必要がある．

　その 1 つの試みとして，事象関連電位（ERP）の計測を用いた研究が挙げられる（伊藤 2008, Ito et al. 2009）．ERP 計測は特定事象（認知活動）に付随して発せられる電位（脳波）によって，意味的な逸脱への反応と統語的な処理に伴う反応を見分けることができる（5.3.6 項参照）．使役文の処理に関連する ERP の測定実験では，意味逸脱の判定に -(s)ase が作る埋め込み構造の理解が必要な SC の非文 (25a) において，LC の非文 (25b) では見られなかった統語処理にかかわる LAN が観察された．

(25) a. *シェフは料理をテーブルに並ばせた.
　　　（シェフが　料理$_i$を　［PRO$_i$テーブルに並（ぶ）］-ase)
　　b. *選手達が歓声を野球場に並べた.

この結果から，SC と LC という2種類の使役文の処理には異なる脳内メカニズムがかかわっており，特に埋め込み構造を持つと考えられる SC の処理による大きな統語演算の負荷がかかっているという可能性が示唆された.

ERP を含め，脳神経科学的な手法で得られる言語処理についての知見はまだ限られたものであり，理論的な分析の詳細な検証となるにはさらなる実験手法や解析方法の向上が必要であるが，さまざまな手法を組み合わせることで，さらに言語の脳内処理の実態に迫ることが可能になっていくだろう．日本語については，まだ基礎的なデータも少ないので，今後の研究者の増加と研究の質的な発展が，強く望まれる．

5.6　文法理論への示唆

言語研究における理論の構築と実験による検証とは，車の両輪のように互いに不可欠なものである．本章で論じた語形成の心内・脳内メカニズムの実証的研究も，まさに形態論における異なる理論的モデルと密接な関係を持ち，その方向性に重要な示唆を与えている．

本書の他の章でも述べられているように，文法モデルにおける形態論（語形成）の位置づけには，さまざまな主張が存在する．まず，**語彙論**（lexicalism）の立場は，すべての語形成がレキシコンに属し，統語論からは独立していると主張する（Di Sciullo and Williams 1987 など）．それとは逆に，すべての語形成を統語部門が司るとする**分散形態論**（distributed morphology）などの主張も存在する（Halle and Marantz 1993 など）．これらの2つのモデルに共通するのは，語形成が1つの文法部門に属するという考え方であり，そのどちらを取っても，本章で述べた演算による語形成と記憶が司る語形成との違いを簡単に説明することはむずかしい．これに対して，語形成は独立したモジュールとして文法の各部門に存在するという**モジュール形態論**（modular morphology）（影山 1993 など）では，生産的で規則的な語形成は統語部門，生産性や規則性の程度が低い語形成はレキシコンが司るとされる．本章で見てきた語形成の心内・脳内基盤を探る実験の結果は，

語の処理についての二重メカニズムモデルを支持すると同時に，語形成を1つの文法部門に帰する立場への反論の根拠となりうるものだと言える．

より深く勉強したい人のために

- 伊藤たかね・杉岡洋子 (2002)『語の仕組みと語形成』研究社.

  日本語と英語の語形成を幅広く取り上げて，複雑語のもつ「語彙性」と「規則性」について論じながら，統語レベルと意味レベルにまたがる分析を提示している．本章で取り上げた語形成の心的メカニズムについて，より詳細に説明されている．

- 萩原裕子 (1998)『脳にいどむ言語学』(岩波科学ライブラリー 59) 岩波書店.

  言語の産出や理解にかかわる脳内メカニズムの解明に向けての言語学と脳科学の協働による取り組みについて，わかりやすく紹介する．さまざまなタイプの失語症や言語障碍についての新しい知見や本章5.4節の内容も含まれる．

- Pinker, Steven (1999) *Words and Rules: The Ingredients of Language*, Basic Books.

  二重メカニズムの考え方を支持するさまざまな現象を，おもに英語（および欧米諸語）の屈折を中心に，言語事実から行動実験の結果，神経科学的考察の結果まで，幅広く紹介する．

演習問題

1. 5.3.5項で見た (3) のような例については，実在する語のみの現象であれば，「フライを打ち上げる」という意味の fly は規則活用をすると記憶されている，という説明が可能である．このような説明と二重メカニズムモデルのいずれが正しいかを検証するために以下のような新語を用いた実験を行うことが考えられる (Kim et al. 1991).

  <実験>

  実際には用いられない以下のような実験用新語（複合動詞）を用いる．被験者を2群に分け，A群には (a) のように，B群には (b) のように新語の意味を教示し，それぞれの動詞の過去形を尋ねる．

  (a) to line-drive = to drive along a line

     to hat-stand = to stand with a hat on

  (b) to line-drive = to hit a line-drive （line-drive = 野球のライナー）

     to hat-stand = to put one's hat on a hat-stand

  (a), (b) それぞれの新語の内部構造を (4) の樹形図を参考にして考慮に入れると，二重メカニズムモデルはこの実験についてどのような予測をすると考えられるか（言い換えれば，どのような結果が出れば二重メカニズムが正しいと言えるか）考察しなさ

い．

2. 5.2節や5.4.4項で見たように，プライミング効果を調べる実験では，レキシコンにおける語と語の関連性を検証することができる．日本語の使役動詞（5.5節）を含む次のようなペアを使ったプライミング実験の結果についてどのように予測できるか考え，その理由も述べなさい．

   プライム ターゲット
 a. 並ばせる 並ぶ
   乗らせる 乗る
 b. 並べる   並ぶ
   乗せる   乗る

3. 語の処理にかかわる脳科学的アプローチでどのような実験案を作ることができるか，自由に考えてみよう．本章で扱った英語の過去形や複数形，日本語の名詞化接辞，使役動詞などについて，異なる方法を用いた実験案でもよいし，本章で扱った失語症患者を対象とする研究方法を用いて，異なる言語現象を対象とする実験案でもよい．

文 献

伊藤たかね（2008）「ことばの脳内処理―日本語使役構文の事例から」長谷川寿一・C. ラマール・伊藤たかね編『こころと言葉―進化と認知科学のアプローチ』東京大学出版会, 55-172.
伊藤たかね・杉岡洋子（2002）『語の仕組みと語形成』研究社．
伊藤たかね・杉岡洋子・萩原裕子（2007）「形態論の認知脳科学」『言語』**36**(8), 80-87. 大修館．
影山太郎（1993）『文法と語形成』ひつじ書房．
金丸一郎・小林由紀・伊藤たかね（2005）「日本語派生名詞の処理過程：語彙性判断実験の結果から」日本認知科学会第22回大会発表論文集, 366-367.
萩原裕子（1998）『脳にいどむ言語学』岩波書店．
Alegre, Maria and Peter Gordon (1999a) "Rule-based vs. Associative Processes in Derivational Morphology," *Brain and Language* **68**, 347-354.
Alegre, Maria and Peter Gordon (1999b) "Frequency Effects and the Representational Status of Inflection," *Journal of Memory and Language* **40**, 41-61.
Bybee, Joan L. and Carol Lynn Moder (1983) "Morphological Classes as Natural Categories," *Language* **59**, 251-270.
Bybee, Joan L. and Dan I. Slobin (1982) "Rules and Schemes in the Development and Use of the English Past Tense," *Language* **58**, 265-289.
Clahsen, Harald, Ingrid Sonnenstuhl and James P. Blevins (2003) "Derivational Morphology in the German Mental Lexicon: A Dual Mechanism Account," in Baayen, R. Harald and Robert

Schreuder (eds.) *Morphological Structure in Language Processing*, Berlin: Mouton de Gruyter, 125-155.

Di Sciullo, Anna-Maria and Edwin Williams (1987) *On the Definition of Word*, Cambridge, MA: MIT Press.

Fukuda, Shinji and Suzy E. Fukuda (2001) "An Asymmetric Impairment in Japanese Complex Verbs in Specific Language Impairment," *Cognitive Studies* (『認知科学』) 8(1), 63-84.

Gordon, Peter (1985) "Level-ordering in Lexical Development," *Cognition* **21**, 73-93.

Hagiwara, Hiroko, Yoko Sugioka, Takane Ito, Mitsuru Kawamura and Jun-ichi Shiota (1999) "Neurolinguistic Evidence for Rule-based Nominal Suffixation," *Language* **75**, 739-763.

Halle, Morris and Alec Marantz (1993) "Distributed Morphology and the Pieces of Inflection," in Hale, Ken and Samuel J. Keyser (eds.) *The View from Building 20*, Cambridge, MA: MIT Press, 111-176.

Ito, Takane, Yoko Sugioka and Hiroko Hagiwara (2009) "Neurological Evidence Differentiates Two Types of Japanese Causatives," in Hoshi, Hiroto (ed.) *The Dynamics of the Language Faculty: Perspectives from Linguistics and Cognitive Neuroscience*, Tokyo: Kurosio Publishers, 273-291.

Joanisse, Marc F. and Mark S. Seidenberg (1999) "Impairments in Verb Morphology Following Brain Injury: A Connectionist Model," *Proceedings of the National Academy of Sciences* **96**: 7592-7597.

Kim, John J., Steven Pinker, Alan Prince and Sandeep Prasada (1991) "Why No Mere Mortal Has Ever Flown Out to Center Field," *Cognitive Science* **15**, 173-218.

Kiparsky, Paul (1982) "Lexical Morphology and Phonology," *Linguistics in the Morning Calm: Selected Papers from SICOL-1981*, Linguistic Society of Korea, Seoul: Hansin, 3-91.

Marin, Oscar S. M., Eleanor M. Saffran and Myrna F. Schwartz (1976) "Dissociations of Language in Aphasia: Implications for Normal Function," in Harnad, Stevan R., Horst D. Steklis and Jane Lancaster (eds.) *Origins and Evolution of Language and Speech* (*Annals of the New York Academy of Sciences, vol.280*), New York, NY: The New York Academy of Sciences, 868-884,

Marslen-Wilson, William D. (2007) "Morphological Processes in Language Comprehension," in M. Gareth Gaskell (ed.) *The Oxford Handbook of Psycholinguistics*, Oxford: Oxford University Press, 175-193.

Marslen-Wilson, William D. and Lorraine K. Tyler (1997) "Dissociating Types of Mental Computation," *Nature* **387**, 592-594.

Newman, Aaron J., Michael T. Ullman, Roumyana Pancheva, Diane L. Waligura, and Helen J. Neville (2007) "An ERP Study of Regular and Irregular English Past Tense Inflection," *NeuroImage* **34**, 435-445.

Pinker, Steven (1999) *Words and Rules: The Ingredients of Language*, New York, NY: Basic Books.

Pinker, Steven and Alan Prince (1991) "Regular and Irregular Morphology and the Psychological

Status of Rules of Grammar," *BLS* **17**, 230-51. [Reprinted (1994) in Lima, Susan D., Roberta L. Corrigan and Gregory K. Iverson (eds.) *The Reality of Linguistic Rules*, Amsterdam: John Benjamins, 321-351.]

Pinker, Steven and Michael Ullman (2002) "The Past and Future of the Past Tense," *Trends in Cognitive Science*, **6**, 456-463.

Prasada, Sandeep and Steven Pinker (1993) "Generalisation of Regular and Irregular Morphological Patterns," *Language and Cognitive Processes* **8**, 1-56.

Rumelhart, David E. and James L. McClelland (1986) "On Learning the Past Tenses of English Verbs," in McClelland, James L., David E. Rumelhart and the PDP Reseach Group (eds.) *Parallel Distributed Processing* Vol. 2, Cambridge: MIT Press, 216-271.

Shibatani, Masayoshi (1976) "Causativization," in Shibatani, Masayoshi (ed.) *Syntax and Semantics 5: Japanese Generative Grammar*, New York, NY: Academic Press, 239-294.

Stanners, Robert F., James J. Neiser, William P. Hernon and Roger Hall (1979) "Memory Representation for Morphologically Related Words," *Journal of Verbal Learning and Verbal Behavior* **18**, 399-412.

Sugioka, Yoko (1986) *Interaction of Derivational Morphology and Syntax in Japanese and English*, New York, Garland.

Sugioka, Yoko, Takane Ito and Hiroko Hagiwara (2001) "Computation vs. Memory in Japanese Causative Formation: Evidence from Agrammatic Aphasics," *Cognitive Studies* (『認知科学』) **8**(1), 37-62.

Ullman, Michael (2001) "A Neurocognitive Perspective on Language: The Declarative/Procedural Model," *Nature Review Neuroscience* **2**(10), 717-726.

第6章 形態論と自然言語処理

松本裕治

　コンピュータによって言語を取り扱う自然言語処理では，文を，言語の基本単位である単語，あるいは，形態素に分節することが基本的な処理となる．そのためには，各言語において単語や形態素をどのように捉えるかを明らかにする必要がある．複雑な形態構造を持つ言語では形態素の同定自体が大きな問題であるが，そうでない言語については，活用変形や簡単な派生の処理を行うだけで，単語とその品詞の付与が基本的な処理となる．まず，単語の捉え方について概説し，特に，日本語の形態素解析の手法について解説する．

6.1 単語とは

6.1.1 単語と形態素

　言語の文を作る基本要素は**語**（単語，word）であるが，これはどのように定義できるだろうか．単語を一言で定義するのは難しいが，おおむね次のように定義することができる．単語とは，意味を持ち，独立して用いられる言語表現で，その部分から構成的に品詞や意味を特定できない単位である．

　形態素（morpheme）とは意味や文法機能を担う最小単位である．形態素のうち，単独で語として現れ得るものを**自由形態素**（free morpheme），単独では用いられず，他の形態素に連接して現れるものを**拘束形態素**（bound morpheme）と呼ぶ．自由形態素はそれ自身単語であり，特に単純語と呼ぶ．接頭辞，接尾辞などは拘束形態素であり，自由形態素に接続して**語**（派生語，derived word）を作る．図1に単語の分類を示す．

```
        ┌ 単純語（単一の自由形態素からなる）
単語 ───┤           ┌ 複合語（複数の語からなる）
        └ 合成語 ───┤
                    └ 派生語（語と拘束形態素が連接したもの）
```

図1 単語の分類

たとえば,「山」や「河」は単純語であるが,「山河」などは複合語と考えることもできる．ただし，この「山河」や「言葉」のように漢字2文字の語は，それぞれの漢字が意味を持つため，複合語と考えることもあるが，単語として取り扱われることが多い．派生語は，語に**接頭辞**（prefix）あるいは**接尾辞**（suffix）が連接したものであるが，再帰的にいくつもの接辞が連接することもある．たとえば，「お言葉」の「お」,「不都合」の「不」は接頭辞であり,「高さ」の「さ」,「一般化」の「化」は接尾辞である．なお,「お話しになる」の「お…になる」や「お話しする」の「お…する」は，接頭辞と接尾辞が組みになったもので，**接周辞**（circumfix，あるいは両面接辞）と呼ばれる．日本語や英語にはないが，語の中に入り込む**接中辞**（infix）を持つ言語もある．接辞が連接する相手を**語基**（base）といい，すべての接辞を取り除いた要素を**語根**（root）と呼ぶ．

接辞は，その機能により**派生的**（derivational）と**屈折的**（inflectional）という視点で分類することができる．派生接辞が語基の意味や品詞に変化を与えるのに対し，屈折接辞は文法的な要請による語形変化であり，基本的に語基の品詞や意味を変えない．日本語では用言や助動詞の活用語尾が屈折接辞にあたり，英語では動詞の人称・数（三人称単数の-s）や時制（-ed, -ing）に関する語尾，名詞の複数形語尾（-s）などが屈折接辞にあたる．特に，動詞の変化を**活用**（conjugation），名詞の数・性・格による変化を**語形変化**（declension）と呼ぶ．屈折接辞が連接する語基のことを**語幹**（stem）という．以下，屈折と活用を同義として扱い，屈折接辞と活用語尾を同じ意味として用いる．

語が書き言葉によって記述される場合，同じ語がいくつかの異なる表記（異表記）を持つ場合がある．日本語の場合は，漢字，ひらがな，カタカナなどの複数の種類の文字を持つため，「持つ」「もつ」のようにほとんどの語に複数の表記が可能である．また，「行う」「行なう」のように送り仮名の違いによる異表記もある．英語の場合は，大文字と小文字による異表記 "the", "The", "THE" の他に，英米語の違いによる異表記 "centre", "center" など，ほとんどの語に異表記があり得る．音韻変化による異表記（「おまえ」,「おめぇ」）もこれに含めるかどうかは意見が分かれる．同じ語と認められる異表記およびその屈折変化形をまとめた集合を**語彙素**（lexeme）と呼び，その中で慣例的に代表として選ばれた形を**代表形**（lemma）と呼ぶ．代表形を含むすべての可能な形のそれぞれを**語形**（word form）と呼ぶ．

ここで定義しようとした「単語」とは非常に曖昧な用語であるが，コンピュータによる自然言語処理の分野では，一般には，なんらかの辞書を想定し，その見出し語および可能な語形のすべてを単語と呼ぶことが多い．

6.1.2 複単語表現

前節で説明した複合語や合成語は，複合名詞や複合動詞など複数の単語や形態素が連結してできる新たな語であり，辞書の見出しとして問題なく登録できる語と考えられる．これに対し，複数の語や形態素から構成されるが，一部の語が修飾を受けたり，活用や受動態など一部の語の形や語順の変化を伴ったりする表現があり，総称して複単語表現（multi-word expression）と呼ばれる（Sag et al 2001）．

たとえば，英語の "by and large（「全般的に」という意味の副詞）" のように文法的には不自然な品詞の連接によってできている表現や，"pick up（「拾い上げる」「（人を車に）乗せる」）" のような**句動詞**（phrasal verb）などが典型的な複単語表現である．前者は表現の変化がない固定的な複単語表現だが，後者は "pick you up" のように目的語を間に取ったり，受動態が可能であったりといった変化形が可能である．"strong coffee"（「濃いコーヒー」）のように，ある特定の意味を表すために言語ごとに特定の語の組み合わせを選択することがあり，**コロケーション**（collocation, 連語）と呼ばれるが，これも複単語表現の範疇に含めることがある．

6.1.3 品詞体系と辞書

学校で学習する文法では，英語でも日本語でも10種類程度の品詞分類を行っているが，自然言語処理ではさらに細分化された50種類程度の品詞を定義することが多い．英語でも最もよく使われている品詞体系は，もともとBrown Corpus[1]で用いられ，Penn Treebank[2]でも採用された約50種からなる品詞体系である．名詞が単数名詞（NN），複数名詞（NNS），固有名詞（NNP），複数固有名詞（NNPS），人称代名詞（PRP），動詞が活用形に応じて，原型（VB），現在形（VBP），過去形（VBD），3人称単数形（VBZ），現在分詞・動名詞（VBG），過去分詞（VBN）のように細分類されているが，前置詞と従属接続詞がINという1つのタグで表

---

1 http://www.helsinki.fi/varieng/CoRD/corpora/BROWN/
2 https://www.cis.upenn.edu/~treebank/

されるなど粗い分類の品詞も含まれている．英語の屈折は，名詞の単複形，動詞の時制と態，形容詞と副詞の比較級・最上級などで見られる．派生に関与する接頭辞や接尾辞もあるが，バリエーションが限られている．そのため，空白で区切られた文字列を単語として認定し，各単語と可能な品詞を格納した辞書を用意する．文が与えられると，空白等の区切り記号で区切られた単語の品詞を前後文脈から推定する処理が基本となっており，**品詞タグ付け**（part-of-speech tagging）処理と呼ばれる．辞書に存在しない単語については，主に単語の末尾の文字列を参考に可能な品詞を推定し，文脈上で最も妥当なものを決定する処理が行われる．

日本語は単語が空白に区切られていないため，単語の同定と品詞の推定を同時に行う必要がある．動詞や形容詞は活用変化を持つので，その処理も同時に行う必要がある．英語と同様，単語と可能な品詞を格納した辞書を用意し，活用変化を考慮しつつ，単語に区切りながら品詞を推定する処理が行われる．詳細は次節で説明する．

現在広く使われている日本語解析用の辞書はいくつか存在する．形態素解析器 Juman[3] で用いられている辞書は益岡・田窪による日本語品詞文法（益岡・田窪 1992）に基づいている．形態素解析器「茶筌」[4] および MeCab[5] は，IPA（情報処理推進機構）で定義された品詞体系に基づいて整理され，NAIST-jdic と呼ばれる辞書を主に用いている．近年，国立国語研究所で開発されている日本語形態素解析用辞書 UniDic[6] は，短単位という斉一な規準に基づく単語（形態素）よりなる．それぞれの辞書では，品詞を階層的に定義している．Juman 辞書では 2 階層，NAIST-jdic と UniDic では 4 階層に品詞が定義されている．たとえば，「鈴木」という語は，NAIST-dic と UniDic では「名詞-固有名詞-人名-姓」のような 4 つの階層によって定義され，Juman 辞書では「名詞-人名」という 2 階層の品詞によって定義されている．なお，茶筌と MeCab は，タグ付きコーパスを用いて学習可能なプログラムであり，Juman 辞書や UniDic に基づく解析も可能である．MeCab のホームページからは上記の 3 つの辞書に対応した MeCab 用辞書がダウンロード可能である．

---

3 http://nlp.ist.i.kyoto-u.ac.jp/index.php?JUMAN
4 http://chasen-legacy.sourceforge.jp/
5 http://mecab.googlecode.com/svn/trunk/mecab/doc/index.html
6 http://sourceforge.jp/projects/unidic/

それぞれの辞書で，品詞の定義が微妙に異なる．表 1 に，NAIST-jdic では名詞として定義されている品詞の主な内訳（表の中央の列）とそれらにほぼ対応する Juman 辞書の品詞（左の列）と UniDic の品詞（右の列）の例を示す．「名詞-普通名詞」「名詞-一般」「名詞-普通名詞-一般」や「名詞-サ変名詞」「名詞-サ変接続」「名詞-普通名詞-サ変可能」など名称の違いがあってもほぼ対応する品詞もあるが，名詞的な接尾辞が，Juman 辞書と UniDic では接尾辞の一部として定義されているのに対し，NAIST-jdic では，名詞の一部として定義されている．また，いわゆる形容動詞が，Juman 辞書では，形容詞のうち「ナ形容詞活用」を持つ語として活用の型によって区別されているのに対し，NAIST-jdic では，「名詞-形容動詞語幹」という名詞の一種として定義され，UniDic では「形状詞」という独立の品詞名が与えられているなどの違いが見られるのがわかる．

これらの 3 つの辞書は，開発者や開発の経緯に重なりがあるので，辞書の定義

表 1　日本語品詞体系間の関係の例

Juman の品詞体系		NAIST-jdic の品詞体系			Unidic の品詞体系		
名詞	普通名詞	名詞	一般		名詞	普通名詞	一般
	サ変名詞		サ変接続				サ変可能
	固有名詞		固有名詞	一般		固有名詞	一般
	人名		人名	一般		人名	一般
				姓			姓
				名			名
	地名		地域	一般		地名	一般
				国			国
	組織名		組織				
	数詞		数			数詞	
	時相名詞		副詞可能			普通名詞	副詞可能
	形式名詞		非自立	一般			一般
	副詞的名詞		副詞可能				副詞可能
			助動詞語幹		形状詞	助動詞語幹	
	普通名詞		代名詞	一般		代名詞	
				縮約			
接尾辞	名詞性名詞接尾辞		接尾	一般	接尾辞	名詞的	一般
				サ変接続			サ変可能
				副詞可能			副詞可能
	名詞性名詞助数辞		助数詞				助数詞
	形容詞性述語接尾辞		助動詞語幹		名詞	助動詞語幹	
形容詞	（ナ形形容詞活用）		形容動詞語幹		形状詞		

法にも共通点がある．辞書は，品詞や活用型の情報を持った単語の一覧，活用型の分類，各活用型の具体的な活用語尾の一覧，からなる．実際に形態素解析を行う場合には，文中の語は活用変化を起こした形で現れるため，基本形（辞書形）の情報だけでは不十分であり，語幹を手掛かりとして活用語尾の認識を行う必要がある．Juman では，活用語尾の認識を形態素解析プログラムの実行時に行うのに対し，茶筌と MeCab では，事前にすべての活用語尾を展開した辞書を形態素解析用の辞書として構築し，形態素解析実行時には辞書とのマッチングだけで処理を行うようになっている．

6.2 形態素解析

6.2.1 日本語の形態素解析

本節では，主に日本語の**形態素解析**（morphological analysis）について説明する．先に述べたように，日本語形態素解析は次の3種類の処理からなり，これらを同時に実行する．他言語でも基本には同等の処理が行われるが，英語のように単語の分かち書きが問題にならない言語では，3つ目のステップだけを指して，品詞タグ付けと呼ばれる．

1. 与えられた文を単語に分割する**分かち書き処理**（segmentation または tokenization）
2. 切り出された語に屈折接辞などによる語形変化がある場合にはその語の活用形と**代表形を得る活用処理**（lemmatization）
3. 切り出された語の品詞を決定する**品詞タグ付け処理**（part-of-speech tagging）

一般に英語の morphological analysis は，語を構成する形態素の分析，すなわち，複合語解析や接辞の解析を指すことが普通なので，上の3つの処理の総称を「形態素解析」と呼ぶ日本語の習慣はあまり正確な用語ではないが，自然言語処理の分野では慣例的に上記の処理の総称として「形態素解析」を用いる．

日本語の形態素解析の処理の具体例を図2に示す．「私は新しく建った図書館へ行った」という文が単語に分かち書きされ，それぞれの単語に品詞（この例の場合は，品詞階層の第一階層の名称のみ記述），活用変化を起こしている単語には活用形と代表形が示されている．

私は新しく建った図書館へ行った

⬇ 分かち書き / 活用処理 / 品詞タグ付け

私	は	新しく	建っ	た	図書館	へ	行っ	た
代名詞	助詞	形容詞	動詞	助動詞	名詞	助詞	動詞	助動詞
		連用形	連用形	基本形			連用形	基本形
		新しい	建つ				行く	

図2 日本語の形態素解析（分かち書き処理/活用処理/品詞タグ付け処理）の例

6.2.2 自然言語処理における形態素解析の基本的な考え方

自然言語の文は単語の列からなり，その単語列を（品詞情報などと共に）同定するのが自然言語処理の形態素解析の目的である．自然言語の文には文法構造があり，その背後には統語構造という木構造が存在することが共通の認識になっているが，多くの木構造は局所的に小さな木構造の集まりであり，また，日本語のような膠着語では，接辞的な形態素が連続的に付加した構造を持つため，ある位置に出現しうる品詞が直前直後あるいは近隣の語から影響を受けることが多い．このような文法的な傾向や経験を踏まえ，多くの形態素解析システムでは，隣り合う単語や連続する数単語の情報だけに基づいて，単語の区切りや品詞の同定を行うことが基本的な手法になっている．また，現在のほとんどの形態素解析システムは，大規模な学習コーパス（正しい単語区切りや品詞，活用形などの情報が付与されたコーパス．タグ付きコーパスとも呼ばれる）を用意し，単語の連接の傾向や品詞の出現の確率などをコンピュータに計算させることで，自動的に精度の高い自動解析システムを構築する手法をとっている．このような手法を総称して，機械学習に基づく手法と言う．

6.2.3 形態素解析の代表的なアルゴリズム

90年代から始まる大規模コーパスに基づく自然言語処理研究で，最初に用いられた隠れマルコフモデル（hidden markov model: HMM）（北 1999）の考え方を図3に示す．表層として見えている単語列（図の白丸が文の各単語を表している）の背後に隠れた状態の列（図の網掛けの丸が各状態）があり，その状態の列が単語を生成しているというのが，隠れマルコフモデルに基づく文の生成の考え方である．背後に隠れた状態として品詞を想定すると，言語の文は，背後にある言語的に正しい品詞列から生成された単語列と見ることができる．正しい品詞が付与さ

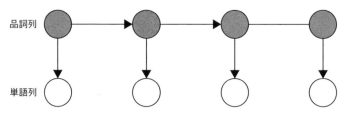

図3 隠れマルコフモデルによる形態素解析の考え方

れた学習コーパスがあれば，正しい言語の文がどのような品詞列からなるかを観察することができるので，そのつながりの自然さ（図3では，網掛けの状態をつないでいる矢印に対応）を何らかの数値で表すことができればよい．90年代までの形態素解析システムでは，どの品詞の次にどの品詞が現れやすいかを主観的な数値によって表現するなど，手工芸的な方法が取られていた．隠れマルコフモデルでは，その数値として品詞の連接確率を用いる．2つの品詞の連接確率は，大規模なタグ付きコーパスにおける出現頻度の比率と考えれば，簡単に推定することができる．90年代初期に開発されたXeroxによる英語の品詞タグ付けシステムは，この隠れマルコフモデルの考え方に基づいて開発された．日本語形態素解析システム「茶筌」は，隠れ状態に品詞だけでなく，活用形や単語そのものの情報も使えるように拡張されてはいるが，基本的には隠れマルコフモデルに基づくシステムである．

単語にはさまざまな用法があり，たとえば，英語では，多くの動詞や形容詞が名詞としても用いられることがある．日本語や中国語では，単語の区切りについても曖昧性がある．よって，表層の単語列を生成することができる品詞列の可能性には膨大な組み合わせがあり，そこから最適な（たとえば，確率値が最大の）品詞列を推定することが必要になる．図4は，形態素解析システムの内部で展開されている品詞列の曖昧さを視覚化するために我々が開発したツールのスナップショットである．図4では，与えられた例文「単語に区切られていない」がさまざまな単語区切りと品詞の曖昧性を持つことが示されている．図中の1つずつの箱が単語を表し，隣接する単語間に線が引かれている．単語の内部にある数値はその単語の出現しやすさを表し，単語の箱の下部の左右に示された数値はその単語と隣の単語とのつながりやすさを表している．このツール対象となっていた「茶筌」では，これらの数値は大規模コーパスから求めた確率値に基づいて計算され

6.2 形態素解析

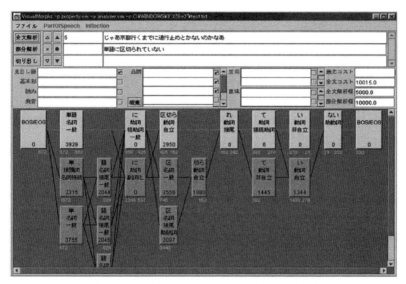

図4　形態素解析における単語の区切りと品詞の曖昧性

ている．薄い色で示された単語の列が，与えられた文を構成すると考えられる確率値が最大の単語（および品詞）の列としてシステムが推定したものである．"BOS/EOS" と書かれた箱は，文頭(beginning of sentence)と文末(end of sentence)を表しており，形態素解析は，与えられた文を作るすべての可能な単語区切りと品詞の曖昧さを表現した図のようなグラフ（点とそれらを結ぶ線で表現できる構造を情報科学ではグラフと呼ぶ）の中で，文頭と文末をつなぐ一本の経路（単語列）の中で最適な数値（最大の確率値）を持つものを見つける問題に帰着できる．グラフの中で最も値の高い経路を求める効率のよいアルゴリズムが知られているので，形態素解析の問題は，図4のようにグラフ中の経路を求める問題として定式化すれば，非常に効率よく実行することができる．単語の区切りと品詞のつながりに関して生じる曖昧性の一例を挙げておく．たとえば，辞書に，「非」（接頭辞）「非核」（普通名詞）「核保有」（普通名詞）「保有」（サ変名詞）「国」（接尾辞および普通名詞）などの単語が登録されている場合,「核保有国」は「核保有/国」と分かち書きさるが,「非核保有国」が「非/核保有/国」ではなく「非核/保有/国」と分かち書きされてしまう場合がある．これを前者のように解析させるためには，接頭辞と名詞の連接の方が名詞同士の連接よりも自然だということを

多くの事例から学習させる必要がある．

　隠れマルコフモデルは50種類程度の品詞情報を状態として形態素解析（品詞タグ付け）を行うことには成功を収めたが，単語そのものの情報のように品詞よりも細かい情報や，単語の末尾や先頭の文字列などの情報を用いて確率推定を行うことが難しかった．また，品詞の連接など狭い範囲の確率値だけを計算に用いるので，そのような個々の確率値が文全体にわたって自然な品詞列をモデル化しているとは必ずしも言えなかった．

　品詞タグ付けのような系列ラベリングと呼ばれる課題に共通に出現するこの問題を解決するために，**条件付き確率場**（conditional random fields: CRF）（Lafferty 2001）という確率モデルが提案され，近年では，多くの品詞タグ付けシステムがこの考え方を採用している．

　図5に条件付き確率場の考え方を示す．図3とほとんど同じこの図の違いは，品詞列や品詞と単語をつなぐ線に生成の方向を示す矢印がないことである．その意味は次のように述べることができる．1つの文を形作る単語列（図の白丸で表される）にはそれぞれの単語に対して品詞の列（図の網掛けの丸で表される）が対応しており，さまざまな情報を持っている．この図では，丸や枝が情報の基本要素を表しており，各単語や品詞の情報，および，品詞の対または品詞と単語の対に関する情報を表す．単語の情報としては，単語そのもの以外に部分文字列や文字種など，品詞の情報としては，前に示した数十種類の品詞だけでなく活用形や意味に関する情報など自由にとりいれることができる．品詞対や品詞と単語の対についても，任意の品詞階層の名称の組み合わせや活用形と品詞の組み合わせなど，枝の両側にある丸に含まれた情報を自由に用いることができる．これらそれぞれの基本情報は**素性**（feature）と呼ばれる．条件付き確率場では，これらの個別の情報の個々の出現回数に基づいた確率推定を行うのではなく，与えられた

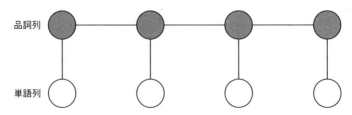

図5　条件付き確率場による形態素解析の考え方

文の正しい単語区切りと品詞列全体が他のどの可能性よりも高い確率値を持つように，（個々の）素性の重みを学習する．

条件付き確率場がこのような細かい素性を用いることができるのは，指数モデルという確率モデルを採用しているからである．このモデルでは，目的関数（今の問題では，文の単語区切りと品詞列が含むすべての素性の重み付き和から得られる確率値）が正しい文に対して最大値を達成するように素性の重みを独立に推定することができる．

個々の素性は，隣同志の品詞や，品詞と単語のつながりなど局所的な情報しか表現していないので，文の正しい解析結果に対して常に最大の確率値を与えることができる保証はないが，文全体の正しい単語区切りと品詞列に最大の確率値を与えるように素性の重み調整を行うことで，他のモデルが陥りそうな局所的な解に陥るのを避ける効果が高い．形態素解析システム MeCab は，このアルゴリズムを採用し，さまざまな素性を用いて正しい文の品詞列の確率が高くなるように学習している．その結果，同じ学習コーパスを用いて学習を行った場合，隠れマルコフモデルを採用している「茶筌」より常に高い解析精度を達成している．

6.2.4 形態素解析における未知語の問題

前節までに説明した形態素解析（品詞タグ付け）では，辞書に基づいて単語の同定を行いつつ，最適な単語区切りや品詞を推定する方法について説明した．しかし，与えられた文中に辞書には存在しない単語が含まれている場合には，この方法ではうまく形態素解析を行うことができない．使用している辞書に存在しない単語を**未知語**（unknown word）と呼ぶが，この問題は言語の性質によって困難さが大いに異なる．たとえば，英語の解析では，単語の境界は空白や区切り記号で挟まれていると仮定しているので，空白等で区切られた文字列が辞書に存在するかどうかは容易にわかる．よって，未知語の検出自体に困難はない．未知語と判定された単語の品詞は，すべての品詞の可能性を考慮するか，あるいは，末尾の文字列などから可能な品詞候補と確率を限定して推定するかいずれかの方法を取り，その上で通常の品詞タグ付けのアルゴリズムを用いることで自動的に品詞を推定することができる．

一方，日本語や中国語など，単語の境界に空白等の区切り記号を持たない言語では，未知語の存在を知ることは大変難しい．未知の単語が既知語の列として，

あるいは，未知語と前後の単語を含んだ文字列が既知語の列として表現可能な時は，不自然であっても既知語の列として解析されてしまう．たとえば，「禁手」という語が辞書に登録されていない場合でも，「禁」と「手」という語が辞書にあれば，形態素解析プログラム「禁/手」とは分かち書きをするだけで，「禁手」が未知語であったことには気が付かない．「湯呑み」という語が登録されていても「湯のみ」が辞書に登録されていない場合には，後者は「湯/のみ」と解析されてしまい，「湯呑み」の別表記だとは認識することができない．日本語には，漢字，ひらがな，カタカナなどの文字種が存在するので，カタカナ語や漢字語は他の文字種との境界などを利用することにより，ある程度簡単な規則により語の境界を推定することが可能であることが多い．これに対して，中国語は1つの文字種（漢字）が独占的に使用されるので，単語分かち書き自体が大きな問題になる．

6.3　自然言語処理における単語に関する諸問題

ここまで主に述べてきたのは，文中の単語および品詞情報の同定など表層的な情報についてであった．6.1.2項で述べた複単語表現は，固定的な表現であれば，辞書に追加することによって形態素解析の処理に取り込むことができる．しかし，非連続的な句動詞や構成要素が修飾語を許容する複単語表現については，辞書に追加するだけでは解析できない場合があり，簡単に解決できる問題ではない．たとえば，"a number of"はひとかたまりで冠詞のような働きをするが，"a great number of"のような用法もあり，numberがこのように修飾語を持ちうるということを考慮して複単語表現と認識することは，単に辞書に登録するだけでは済まない問題である．

一方，単語の意味に関してはさまざまな問題がある．すべての単語が異なるわけではなく，同じ単語が複数の表記を持つことから来る異表記の問題がある．これは，colourとcolorのように英米の英語の表記の揺れに起因する場合は，これらそれぞれを辞書に登録し，たがいに異表記であることを記録するしかないが，twitterなどのSNS（social network service）で見られる省略表記（youの代わりにu一文字を用いるなど）や音の影響による崩れ表記などの場合は，可能な異表記をすべて辞書に登録するのは不可能である．

日本語の場合には，漢字や仮名などの文字種の違いにより，同じ単語が多くの

可能な表記を持つ場合がある．これ以外に，単語自体は異なるが同じ意味を表す**同義語**（synonym）の問題，より広く言えば，単語間の意味的な近さをどのように獲得し表現するかが大きな問題である．他方，1つの単語が複数の意味を持つ場合がある．よく取り上げられる例として，bank という英単語がある．bank は銀行の意味と川の土手の意味で用いることができるので，使用文脈ごとにどちらの意味で用いられているかを識別しなければならない．この問題は，**語義曖昧性解消**（word sense disambiguation）問題と呼ばれ，言語の理解には避けられない問題である．

単語の意味的な近さ，あるいは，意味的な関係については，従来は，WordNet[7]のようなシソーラスや分野ごとのオントロジーなどが構築されてきたが，一般的なシソーラスは特定の分野のテキストの解析にはあまり有効でないこと，また，分野ごとにオントロジーを構築するには多大の時間とコストを要することから，大規模な言語データを用いて単語の意味関係を自動獲得する試みが数多く行われている．

6.4 おわりに

英語の例も参照しながら，主に日本語の自然言語処理で行われている形態素解析の方法と問題点について解説した．日本語にとって，文を語に分割し，それぞれの品詞を特定することは最も基本的な処理であり，多くの応用の前提でもある．形態素解析の性能の向上は，正しい解析結果を蓄積したタグ付きコーパスの構築と，情報科学における機械学習技術の進展によるところが大きい．本章では単語と品詞の同定を主眼に置いたが，単語の意味をどのように表すかというのも重要な問題である．これまでは，シソーラスやオントロジーのように，人間が構造を決めた形で単語の関係を配置することが行われてきた．しかし，近年，ますます大規模な言語データが利用可能になってきたことと，コンピュータの計算能力が過去十数年ではるかに強力になってきたことにより，大規模なテキストデータ中で似た文脈に現れる語は意味的に近いという性質を積極的に利用して，意味的に近い語同士が互いに近い空間に自動配置されるように学習を行う方法の研究が急

---

[7] http://wordnet.princeton.edu/

速に進んできた．形態素の意味だけでなく合成語の意味的な関係も高次元の空間での位置関係によって捉えようという動きが進んでおり，言語表現の構造の解析だけではなく意味解析の研究に新たな進展が起きようとしている．

より深く勉強したい人のために

- Jurafsky, Dan and James Martin: Speech and Language Processing, Second Edition, 2008.

  自然言語処理の基礎を網羅的にまとめた好著．第3章〜第6章には，単語や品詞タグ付けに関する詳しい解説がある．
- 奥村学：自然言語処理の基礎，コロナ社，2010.

  自然言語処理の基礎的な内容をわかりやすくまとめた入門書．辞書，コーパス，形態素解析についても簡潔にまとめられている．
- 高村大也：言語処理のための機械学習入門，コロナ社，2010.

  機械学習を用いた自然言語処理のわかりやすい入門書．条件付き確率場について詳しく知りたい読者には最適．

演習問題

1. 英語と日本語の派生的接辞について調査し，それらが接続する単語の意味や品詞に対してどのような変化をあたえるか整理しなさい．
2. 6.1.3 項で3つの日本語辞書（Juman 辞書，NAIST-jdic，UniDic）を紹介したが，それぞれの辞書をベースにした MeCab 用の辞書が，MeCab のホームページ（mecab.googlecode.com/svn/trunk/mecab/doc/index.html）から入手可能である．同じ日本語文をそれぞれの辞書に基づいて形態素解析を行い，違いについて考察しなさい．

文献

益岡隆志，田窪行則（1992）『基礎日本語文法 改訂版』，くろしお出版．

北 研二（1999）『言語と計算（4）確率的言語モデル』，東京大学出版．

Lafferty, John et al.（2001）"Conditional Random Fields: Probabilistic Models for Segmenting and Labeling Sequence Data," International Conference on Machine Learning（ICML）.

Sag, Ivan, Timothy Baldwin, Francis Bond, Ann Copestake and Dan Flickinger（2001）"Multiword Expressions: A Pain in the Neck for NLP," 3rd International Conference on Intelligent Text Processing and Computational Linguistics.

索　引

▶欧　文

D-構造（D-structure）　44
S-構造（S-structure）　44
The Elsewhere Principle　93

▶あ　行

アメリカ構造主義言語学（American structural linguistics）　1

異音（allophone）　9
異化（dissimilation）　8
異機能複合語（bahuvrihi compound）　40
異形態（allomorph）　6, 9, 38
一次接辞（primary affix）　37
一次複合語（primary compound）　39, 74
1人称（1st person）　35
一致（agreement, Agr）　35, 92
イディオム（idiom）　39
移動（movement）　34
意味素（semantic primitive）　23
意味的　80
意味の特殊化（specialization of meaning）　29
意味の場（semantic field）　36
意味役割（semantic role）　43
意味論（semantics）　1
隠れ項（implicit argument）　48
インド・ヨーロッパ語族（Indo-European Language Family）　13

ウィリアムⅠ世／ウィリアム征服王（WilliamⅠ／William the Conqueror）　14
ウィリアムズ症候群（Williams syndrome）　116
ウェルニケ失語（Wernicke's aphasia）　116
受身（passive）　44
迂言的な形式（periphrastic form）　35

永続的なレキシコン（permanent lexicon）　29
演算（computation）　113

置き換え（replacement）　34
音韻環境（phonological environment）　3
音韻形式（phonetic form）　44
音韻的に空（phonologically-null）　12
音韻論（phonology）　1, 2, 2
音声（phone）　2, 3
音声学（phonetics）　2
音声的実現（phonological realization）　6
音素（phoneme）　2, 2, 9
音素配列の制約（phonotactic constraint）　28
音素論（phonemics）　2, 2

▶か　行

外項（external argument）　46
外項化（externalization）　48
外国語（foreign language）　15
外国語習得（foreign language acquisition）　15
外心複合語（exocentric compound）　40
階層構造（hierarchical structure）　33
階層的（hierarchical）　63
外的順序（extrinsic ordering）　8
概念（concept）　5
概念的意味（conceptual meaning）　5
外来語（foreign word）　37
格（case）　13, 35
角括弧（square brackets）　3
核強勢規則（nuclear stress rule）　18
過去（past）　35
過去形（past form）　34
過去分詞（past participle）　34, 46
過剰一般化（overregularization）　15, 118
型（template）　4
型（type）　5
括弧付けのパラドクス（bracketing paradox）　41
活用（conjugation）　10, 36, 142
活用処理（lemmatization）　146
過程（process）　22
可能な語（possible word）　80

可能なレキシコン（potential lexicon）29
漢語（Sino-Japanese vocabulary/word）15, 37
漢語の複合語（Sino-Japanese compounds）75
慣用句 39

記憶（memory）113
記述文法（descriptive grammar）9
規則（rule）118
規則活用（動詞）（regular conjugation）36
規則活用（regular infection）118
基体（base）59
規定（stipulation）8
起点（source）43
帰納性（recursiveness）51
機能的磁気共鳴画像法（functional magnetic resonance imaging: fMRI）117
機能範疇（functional category）76
規範文法（prescriptive grammar）9
義務の抑揚の原則（obligatory contour principle）9
逆成（back formation）10, 31
逆行同化（regressive assimilation）9
強勢の転移（stress shift）38
強変化動詞（strong verbs）14
極小主義プログラム（minimalist program）24, 53, 91
切り取り（truncation）79
近赤外線分光法（near-infrared spectroscopy: NIRS）117

句（phrase）18, 27, 90
偶発的な空所（accidental gap）28
屈折（inflection）13, 31, 34, 84, 118
屈折形態論（inflectional morphology）21, 52
屈折言語（inflectional language）50
屈折的（inflectional）142
句動詞（phrasal verb）143
句排除の制約（No Phrase Constraint）76
句複合語（phrasal compound）53
クラスⅠ接辞（class Ⅰ affix）17
クラスⅡ接辞（class Ⅱ affix）17
繰り返し（recursively）60

経済性（economy）9
継承（inherit）51
形態音韻変化（morpho-phonological change）79
形態音素規則（morphophonemic rule）8

形態素（morpheme）2, 9, 30, 59, 141
形態素解析（morphological analysis）146
形態的に複雑な語（morphologically complex word）60
形態論（morphology）1
軽動詞（light verb）75
形容詞（adjective）63
形容詞受身（adjectival passive）49
形容名詞（adjectival noun: AN）64
結合（merger）92
結合価（valence）43
ゲルマン語系の語（native word）37
ゲルマン語派（Germanic Language Group）13
原級（positive）35
言語使用域（register）14
言語処理（language processing）113
言語能力（linguistic competence）58
現在形（present form）34
現在分詞（present participle）34
厳密下位範疇化素性（strict subcategorization feature）63

語（word）1, 2, 27, 141
語彙的意味（lexical meaning）6
語彙音韻論（lexical phonology）80
語彙化（lexicalization）53, 59
語彙項目（lexical item）22, 23, 27
語彙素（lexeme）22, 30, 142
語彙層（lexical strata）37
語彙挿入（vocabulary insertion）24
語彙的受身（lexical passive）49
語彙的ギャップ（lexical gap）125
語彙的な空所（lexical gap）28
語彙判断課題（lexical decision task）114
語彙範疇（lexical category）76
語彙部門（lexical component）27
語彙論（lexicalism）136
語彙論的仮説（lexicalist hypothesis）52, 90
項（argument）43
降格（demotion）44
項構造（argument structure）43
合成（amalgamation）17
合成性の原理（principle of compositionality）39
合成的（compositional）59
拘束形態素（bound morpheme）30, 60, 141
膠着言語（agglutinative language）50, 125

項の具現化（argument realization） 45
古英語（Old English） 13
語幹（stem） 4, 30, 143
語基（base） 30, 143
語義曖昧性解消（word sense disambiguation） 154
語義失語 116
語境界（word boundary） 10
国際音声字母（international phonetic alphabet） 3
語形（word form） 143
語形成（word formation） 1, 10, 27, 59
語形成過程（word formation process） 60
語形成規則（word formation rule） 30
語形変化（declension） 10, 142
語根（root） 4, 24, 30, 142
語根複合語（root compound） 20, 39, 74
語頭（word-initial） 3
語の緊密性/語彙の統合性（lexical integrity） 34
古ノルド語（Old Norse） 14
語末（word-final） 3
孤立言語（isolating language） 50
コロケーション（collocation） 143
混種語複合語（hybrid compounds） 75
混成（blending） 10, 31
コントローラー（controller） 48
コントロール（control） 48

▶さ　行

再帰性（recursiveness） 51
最上級（superlative） 35
最小単位の要素（minimal form） 30
再調整（readjustment） 92
削除（impoverishment） 92
左前頭陰性波（left anterior negativity: LAN） 124
3人称（3rd person） 35

恣意的（arbitrary） 113
使役構文（causative construction） 132
使役交替（causative alternation） 47
使役者（causer） 43
次元形容詞（dimensional adjective） 17
指示する（refer） 5
指示物（referent） 5
辞書（lexicon） 22, 27, 113
事象関連電位計測（event-related potential: ERP） 117

辞書形（citation form） 3
時制（tense） 13
自他交替（transitivity alternation） 45
失語症（aphasia） 115
実在語（actual word） 29
実在しないが可能である（non-existent but possible） 28
実在する（existent） 28
失文法失語（agrammatic aphasia） 116
自動詞（intransitive verb） 45
自動詞化（intransitivization） 47
シナ・チベット語属（Sino-Tibetan language family） 20
島（island） 34
弱変化動詞（weak verbs） 14
借用（borrowing） 29
自由形態素（free morpheme） 30, 60, 141
自由交替形（free variants） 101
修飾（modification） 34
終端記号列（terminal strings） 24
主格（nominative） 35
樹形図（tree diagram） 42
主語（subject） 42
主題（theme） 43
述語（predicate） 43
受動態（passive） 44
受容者（recipient） 43
主要部（head） 32, 75, 90
順行同化（progressive assimilatic） 9
照応（anaphora） 34
照応の島（anaphoric island） 34
昇格（promotion） 44
条件付き確率場（conditional random fields: CRF） 150
照合（checking） 91
初期近代英語（Early Modern English） 66
叙述（predication） 40
助数詞（numeral classifier） 7
女性（feminine） 35
新造（coinage） 29
深層構造（deep structure） 44
心的辞書（mental lexicon） 27, 113
心理的実在（psychological reality） 2, 5
数（number） 4, 13, 35

性（gender）　13, 35
生産性（productivity）　28, 125
生成意味論（generative semantics）　23
正統性（authenticity）　9
接中辞（infix）　11, 143
接語化（cliticization）　54
接辞（affix）　30, 59
接辞付加（affixation）　10, 30, 60
接周辞（circumfix）　143
接頭辞（prefix）　11, 30, 60, 141
接頭辞付加（prefixation）　60
接尾辞（suffix）　11, 30, 60, 143
接尾辞付加（suffixation）　60
ゼロ形態素（zero morpheme）　12
ゼロ派生（zero derivation）　12, 69
宣言的記憶（declarative memory）　123

相（aspect）　13
総合複合語（synthetic compound）　39
挿入母音（epentheti vowel）　9
相補的（complementary）　8
属格（genitive）　35
阻止（blocking）　36
素性（feature）　151
　　――の拡大（feature spread）　9
素性浸透（feature percolation）　63
存在する可能性がある語（potential word）　29

▶た 行

第一言語習得（first language acquisition）　15
第一姉妹（first sister）　77
第一姉妹の原則（first sister principle）　19, 41; 77
第一投射の原則（first projection principle）　19
対格（accusative）　35
体系的な空所（systematic gap）　28
対象（object）　5, 21
第二言語（the second language）　15
代表形（lemma）　142, 146
　　――を得る処理（clemmatization）
タイプ頻度（type frequency）　119
多総合的（融合）言語（polysynthetic language）　50
正しさ（correctness）　9
単一メカニズムモデル（single mechanism model）　119
単語読み上げ課題（word reading task）　114

短縮（clipping）　10, 31
単純語（simple word）　59, 113
単数（singular）　35
男性（masculine）　35

着点（goal）　43
中英語（Middle English）　14
中括弧（curly brackets｛　｝）　2
調整規則（adjustment rules）　78

追加（addition）　92
通言語的な（cross-linguistic）　1
強い語彙論的仮説（strong lexicalist hypothesis）　52

手続き記憶（procedural memory）　123
デフォルト規則（default rule）　122
転換（conversion）　10, 31, 59

等位複合語（coordinative compound）　40
同音の（homophonous）　62
同化（assimilation）　8
同義語（synonym）　37, 153
動機づけられた（motivated）　8
道具（instrument）　43
統語操作（syntactic operation）　34
統語的な接辞付加（syntactic affixation）　53
統語部門（syntactic component）　27
統語論（syntax）　1
動作主（agent）　21, 43
動詞（verb）　42
動詞受身（verbal passive）　49
動詞句（verb phrase）　42
頭字語（acronym）　31
動詞由来複合語（verbal compound）　18, 39, 74
動名詞（verbal noun: VN）　19, 37, 65
動名詞の名詞化（gerundive nominalization）　51
透明である（transparent）　17
透明な（transparent）　81
登録　113
特異性言語障碍（specific language impairment: SLI）　116
特質構造（qualia structure）　80

▶な 行

内項（internal argument）　46

内項化（internalization） 48
内心複合語（endocentric compound） 40
名付け（naming） 29

二項枝分かれ（binary branching） 33, 80
二次接辞（secondary affix） 37
二次複合語（secondary compound） 39, 75
二重乖離（double dissociation） 116
二重語（doublet） 36
二重メカニズムモデル（dual mechanism model） 117
2人称（2nd person） 35
人称（person） 4, 13, 35

ネットワーク的記憶 113

脳機能の局在（localization of brain function） 115
脳磁計測（magnetoencepharography: MEG） 117
ノルマン人の征服（Norman Conquest） 14, 66
ノルマンディー公ウィリアム（William, Duke of Normandy） 14

▶は　行

廃用語（obsolete） 29
場所（location） 43
派生（derivation） 10, 31, 59, 84
派生形態論（derivational morphology） 52, 58
派生語（derivatiative） 59, 141
派生的（derivational） 143
派生名詞（derived nominal） 18
派生名詞化（derived nominalization） 51
反使役化（anti-causativization） 47
範疇（category） 11, 31
範疇的選択（category selection: c-selection） 64
反応時間（reaction time） 114

非該当ケース（elsewhere case） 36
比較級（comparative） 35
非過去（non-past） 35
非形態素的（a-morphous） 24
非対格仮説（unaccusative hypothesis） 21, 45
非対格動詞（unaccusative verb） 21, 46
非能格動詞（unergative verb） 46
非文法的である（ungrammatical） 28
標準（standard） 9
標準理論（standard theory） 22

表層構造（surface structure） 44
品詞（part of speech） 11, 31
品詞タグ付け処理（part-of-speech tagging） 144
頻度（frequency） 114
頻度効果（frequency effect） 114

付加詞（adjunct） 44
不可能である（impossible） 28
不可能な語（semantically-impossible word） 80
不規則活用（動詞）（irregular conjugation） 36
不規則活用（irregular inflection） 118
複合（compounding） 30, 38
複合語（compound） 18, 32, 59
複合語強勢規則（compound stress rule） 18
複雑語（complex word） 113
副産物（by-product） 22
複数（plural） 35
不適格な（ill-formed） 64
不透明（opaque） 17, 81
プライミング効果（priming effect） 114
ブローカ失語（Broca's aphasia） 115
文（sentence） 27
分割形態論仮説（split morphology hypothesis） 52
分散形態論（Distributed Morphology） 8, 24, 91, 136
文法的意味（grammatical meaning） 6
文法的形式素（grammatical formative） 22
文法的である（grammatical） 28
分裂（fission） 24, 92

併合（merger） 24, 92
並列複合語（dvandva compound） 40
編入（incorporation） 54

母音（theme vowel） 4
母音交替（ablaut） 13
母音変化（umlaut） 22
補語（complement） 49
ポジトロン断層法（positron emission tomography: PET） 117
補充（suppletion） 13, 36
補充形（suppletive form） 22

▶ま　行

右側主要部の規則（right hand head rule） 20, 40,

63
未知語（unknown word） 151

無生（inanimate） 35
ムード（irrealis） 109

名詞（noun） 63
名詞句（noun phrase） 42
名詞句移動（NP-movement） 44
メンタル・レキシコン（mental lexicon） 27, 113

目的語（object） 42
モジュール（module） 27
モジュール形態論（modular morphology） 136

▶や 行

融合（fusion） 24, 92
有生（animate） 35

容認可能である（acceptable） 28
容認不可能である（unacceptable） 28
弱い語彙論的仮説（weak lexicalist hypothesis） 52

▶ら 行

ラテン語系の語（Latinate word） 37

理由節（rationale clause） 47
臨時語（nonce word） 29, 58

類（class） 5
類型（typology） 50
類推（analogy） 31, 118

例（token） 5
レベルⅠ接辞（level Ⅰ affix） 37
レベルⅡ接辞（level Ⅱ affix） 37
レベル順序付け（level ordering） 38
レベル順序付け仮説（level ordered hypothesis） 79
連濁（sequential voicing） 41

ロマンス語派（Romance Language Group） 14
論理形式（logical form） 44
論理的な意味（logical meaning） 44

▶わ 行

分かち書き処理（segmentation/tokenization） 146
和語（native Japanese vocabulary） 15, 37
　——の複合語（native compounds） 75

英和対照用語一覧

言語学に関わるキーワードの英和対照一覧を作成した．

1st person　　1人称
2nd person　　2人称
3rd person　　3人称

a-morphous　　非形態素的
ablaut　　母音交替
acceptable　　容認可能である
accidental gap　　偶発的な空所
accusative　　対格
acronym　　頭字語
actual word　　実在語
addition　　追加
adjectival passive　　形容詞受身
adjective　　形容詞
adjunct　　付加詞
adjustment rules　　調整規則
affix　　接辞
affixation　　接辞付加
agent　　動作主
agglutinative language　　膠着言語
agrammatic aphasia　　失文法失語
agreement, Agr　　一致
allomorph　　異形態
allophone　　異音
amalgamation　　合成
American structural linguistics　　アメリカ構造主義言語学
analogy　　類推
anaphora　　照応
anaphoric island　　照応の島
animate　　有生
anti-causativization　　反使役化
aphasia　　失語症
arbitrary　　恣意的
argument　　項
argument realization　　項の具現化
argument structure　　項構造
aspect　　相

assimilation　　同化
authenticity　　正統性

back formation　　逆成
bahuvrihi compound　　異機能複合語
base　　語基
base　　基体
binary branching　　二項枝分かれ
blending　　混成
blocking　　阻止
borrowing　　借用
bound morpheme　　拘束形態素
bracketing paradox　　括弧付けのパラドックス
Broca's aphasia　　ブローカ失語
by-product　　副産物

case　　格
category　　範疇
category selection: c-selection　　範疇的選択
causative alternation　　使役交替
causative construction　　使役構文
causer　　使役者
circumfix　　接周辞
citation form　　辞書形
ckecking　　照合
class　　類
class I affix　　クラスI接辞
class II affix　　クラスII接辞
clipping　　短縮
cliticization　　接語化
coinage　　新造
collocation　　コロケーション
comparative　　比較級
complement　　補語
complementary　　相補的
complex word　　複雑語
compositional　　合成的
compound（word）　　複合語

compound stress rule　複合語強勢規則
compounding　複合
computation　演算
concept　概念
conceptual meaning　概念的意味
conjugation　活用
control　コントロール
controller　コントローラー
conversion　転換
coordinative compound　等位複合語
correctness　正しさ
CRF: conditional random fields　条件付き確率場
cross-linguistic　通言語的な
curly brackets { }　中括弧

D-structure　D-構造
declarative memory　宣言的記憶
declension　語形変化
deep structure　深層構造
default rule　デフォルト規則
demotion　降格
derivatiative word　派生語
derivation　派生
derivational　派生的
derivational morphology　派生形態論
derived nominal　派生名詞
derived nominalization　派生名詞化
derived word　語
descriptive grammar　記述文法
dimensional adjective　次元形容詞
dissimilation　異化
Distributed Morphology　分散形態論
double dissociation　二重乖離
doublet　二重語
dual mechanism model　二重メカニズムモデル
dvandva compound　並列複合語

Early Modern English　初期近代英語
economy　経済性
elsewhere case　非該当ケース
elsewhere principle　その他原理
endocentric compound　内心複合語
epentheti vowel　挿入母音
event-related potential: ERP　事象関連電位計測
existent　実在する

exocentric compound　外心複合語
external argument　外項
externalization　外項化
extrinsic ordering　外的順序

feature　素性
feature percolation　素性浸透
feature spread　素性の拡大
feminine　女性
first language acquisition　第一言語習得
first projection principle　第一投射の原則
first sister　第一姉妹
first sister principle　第一姉妹の原則
fission　分裂
foreign word　外来語
free morpheme　自由形態素
free variants　自由交替形
frequency　頻度
frequency effect　頻度効果
functional category　機能範疇
functional magnetic resonance imaging: fMRI
　機能的磁気共鳴画像法
fusion　融合

gender　性
generative semantics　生成意味論
genitive　属格
Germanic Language Group　ゲルマン語派
gerundive nominalization　動名詞的名詞化
goal　着点
grammatical　文法的である
grammatical formative　文法的形式素
grammatical meaning　文法的意味

head　主要部
hierarchical　階層的
hierarchical structure　階層構造
homophonous　同音の
hybrid compounds　混種語複合語

idiom　イディオム/慣用句
ill-formed　不適格な
implicit argument　隠在項
impossible　不可能である
impoverishment　削除

inanimate　無生
incorporation　編入
Indo-European Language Family　インド・ヨーロッパ語族
infix　接中辞
inflection　屈折
inflectional　屈折的
inflectional language　屈折言語
inflectional morphology　屈折形態論
inherit　継承
instrument　道具
internal argument　内項
internalization　内項化
international phonetic alphabet　国際音声字母
intransitive verb　自動詞
intransitivization　自動詞化
irrealis　ムード
irregular conjugation　不規則活用
irregular inflection　不規則活用
island　島
isolating language　孤立言語

language processing　言語処理
Latinate word　ラテン語系の語
left anterior negativity: LAN　左前頭陰性波
lemma　代表形
lemmatization　代表形を得る処理
level Ⅰ affix　レベルⅠ接辞
level Ⅱ affix　レベルⅡ接辞
level ordered hypothesis　レベル順序付け仮説
level ordering　レベル順序づけ
lexeme　語彙素
lexical category　語彙範疇
lexical component　語彙部門
lexical decision task　語彙判断課題
lexical gap　語彙的な空所（ギャップ）
lexical integrity　語の緊密性／語彙の統合性
lexical item　語彙項目
lexical meaning　語彙的意味
lexical passive　語彙的受身
lexical phonology　語彙音韻論
lexical strata　語彙層
lexicalism　語彙論
lexicalist hypothesis　語彙論的仮説
lexicalization　語彙化

lexicon　辞書
liemmatization　代表形を得る処理
light verb　軽動詞
linguistic competence　言語能力
localization of brain function　脳機能の局在
location　場所
logical form　論理形式
logical meaning　論理的な意味

magnetoencepharography: MEG　脳磁計測
masculine　男性
memory　記憶
mental lexicon　心的辞書
merger　結合
Middle English　中英語
minimal form　最小単位の要素
minimalist program　極小主義プログラム
modification　修飾
modular morphology　モジュール形態論
module　モジュール
morpheme　形態素
morpho-phonological change　形態音韻変化
morphological analysis　形態素解析
morphologically complex word　形態的に複雑な語
morphology　形態論
morphophonemic rule　形態音素規則
motivated　動機づけられた
movement　移動

naming　名付け
native compounds　和語の複合語
native word　ゲルマン語系の語
native Japanese vocabulary/word　和語
near-infrared spectroscopy: NIRS　近赤外線分光法
No Phrase Constraint　句排除の制約
nominative　主格
non-existent but possible　実在しないが可能である
non-past　非過去
nonce word　臨時語
Norman Conquest　ノルマン人の征服
noun　名詞
noun phrase　名詞句

NP-movement　　名詞句移動
nuclear stress rule　　核強勢規則
number　　数
numeral classifier　　助数詞

object　　対象（言語哲学における概念）
object　　目的語（統語論における概念）
obligatory contour principle　　義務的抑揚の原則
obsolete　　廃用語
Old English　　古英語
Old Norse　　古ノルド語
opaque　　不透明
opentheti vowel　　挿入母音
overregularization　　過剰一般化

part of speech　　品詞
part-of-speech tagging　　品詞タグ付け処理
passive　　受動態/受身
past form　　過去形
past　　過去
past participle　　過去分詞
periphrastic form　　迂言的な形式
permanent lexicon　　永続的なレキシコン
person　　人称
phone　　音声
phoneme　　音素
phonemics　　音素論
phonetic form　　音韻形式
phonetics　　音声学
phonological environment　　音韻環境
phonological realization　　音声的実現
phonologically-null　　音韻的に空
phonology　　音韻論
phonotactic constraint　　音素配列の制約
phrasal compound　　句複合語
phrasal verb　　句動詞
phrase　　句
plural　　複数
polysynthetic language　　多総合的（融合）言語
positive　　原級
positron emission tomography: PET　　ポジトロン断層法
possible word　　可能な語
potential lexicon　　可能なレキシコン
potential word　　存在する可能性がある語

predicate　　述語
predication　　叙述
prefix　　接頭辞
prefixation　　接頭辞付加
prescriptive grammar　　規範文法
present　　現在形
present participle　　現在分詞
primary affix　　一次接辞
primary compound　　一次複合語
priming effect　　プライミング効果
principle of compositionality　　合成性の原理
procedural memory　　手続き記憶
process　　過程
productivity　　生産性
progressive assimilatic　　順行同化
promotion　　昇格
psychological reality　　心理的実在

qualia structure　　特質構造

rationale clause　　理由節
reaction time　　反応時間
readjustment　　再調整
recipient　　受容者
recursively　　繰り返し
recursiveness　　再帰性/帰納性
refer　　指示する
referent　　指示物
register　　言語使用域
regressive assimilation　　逆行同化
regular conjugation　　（動詞）規則活用
regular inflection　　規則活用
replacement　　置き換え
right hand head rule　　右側主要部の規則
Romance Language Group　　ロマンス語派
root　　語根
root compound　　語根複合語
rule　　規則

S-structure　　S-構造
second/foreign language acquisition　　第二言語/外国語習得
secondary affix　　二次接辞
secondary compound　　二次複合語
segmentation　　分かち書き処理

英語	日本語
semantic field	意味の場
semantic primitive	意味素
semantic role	意味役割
semantically-impossible word	不可能な語
semantics	意味論
sentence	文
sequential voicing	連濁
simple word	単純語
single mechanism model	単一メカニズムモデル
singular	単数
Sino-Japanese compounds	漢語の複合語
Sino-Japanese vocabulary/word	漢語
Sino-Tibetan language family	シナ・チベット語属
source	起点
specialization of meaning	意味の特殊化
specific language impairment: SLI	特異性言語障碍
split morphology hypothesis	分割形態論仮説
square brackets	角括弧
standard	標準
standard theory	標準理論
stem	語幹
stipulation	規定
stress shift	強勢の転移
strict subcategorization feature	厳密下位範疇化素性
strong lexicalist hypothesis	強い語彙論的仮説
strong verbs	強変化動詞
subject	主語
suffix	接尾辞
suffixation	接尾辞付加
superlative	最上級
suppletion	補充
suppletive form	補充形
surface structure	表層構造
synonym	同義語
syntactic affixation	統語的な接辞付加
syntactic component	統語部門
syntactic operation	統語操作
syntax	統語論
synthetic compound	総合複合語
systematic gap	体系的な空所
template	型
tense	時制
terminal strings	終端記号列
theme	主題
theme vowel	母音
token	例
tokenization	分かち書き処理
transitivity alternation	自他交替
transparent	透明である
tree diagram	樹形図
truncation	切り取り
type	型
type frequency	タイプ頻度
typology	類型
umlaut	母音変化
unacceptable	容認不可能である
unaccusative hypothesis	非対格仮説
unaccusative verb	非対格動詞
unergative verb	非能格動詞
unknown word	未知語
valence	結合価
verb	動詞
verb phrase	動詞句
verbal compound	動詞由来複合語
verbal noun: VN	動名詞
verbal passive	動詞受身
vocabulary insertion	語彙挿入
weak lexicalist hypothesis	弱い語彙論的仮説
weak verbs	弱変化動詞
Wernicke's aphasia	ウェルニケ失語
William Ⅰ / William the Conqueror	ウィリアムⅠ世／ウィリアム征服王
William, Duke of Normandy	ノルマンディー公ウィリアム
Williams syndrome	ウィリアムズ症候群
word	語
word boundary	語境界
word form	語形
word formation	語形成
word formation process	語形成過程
word formation rule	語形成規則
word reading task	単語読み上げ課題

word sense disambiguation	語義曖昧性解消	zero morpheme	ゼロ形態素
word-final	語末	zero-derivation	ゼロ派生
word-initial	語頭		

編者略歴

漆原朗子(うるしばら さえこ)
1961年 東京都に生まれる
1994年 ブランダイズ大学大学院博士課程修了
現　在 北九州市立大学基盤教育センター教授
　　　 文学修士・Ph.D.

朝倉日英対照言語学シリーズ 4
形　態　論
定価はカバーに表示

2016年 6月25日　初版第 1 刷
2022年 8月 5日　　　第 5 刷

編　者　漆　原　朗　子
発行者　朝　倉　誠　造
発行所　株式会社　朝　倉　書　店
　　　　東京都新宿区新小川町 6-29
　　　　郵便番号　162-8707
　　　　電　話　03(3260)0141
　　　　FAX　03(3260)0180
　　　　http://www.asakura.co.jp

〈検印省略〉

Ⓒ 2016〈無断複写・転載を禁ず〉　Printed in Korea

ISBN 978-4-254-51574-9　C 3381

JCOPY ＜出版者著作権管理機構 委託出版物＞

本書の無断複写は著作権法上での例外を除き禁じられています。複写される場合は、そのつど事前に、出版者著作権管理機構(電話 03-5244-5088, FAX 03-5244-5089, e-mail: info@jcopy.or.jp)の許諾を得てください。

学習院大 中島平三編

ことばのおもしろ事典

51047-8 C3581　　B5判 320頁 本体7400円

身近にある"ことば"のおもしろさや不思議さから、多彩で深いことば・言語学の世界へと招待する。〔内容〕I.ことばを身近に感じる(ことわざ／ことば遊び／広告／ジェンダー／ポライトネス／育児語／ことばの獲得／バイリンガル／発達／ど忘れ、など)　II.ことばの基礎を知る(音韻論／形態論／統語論／意味論／語用論)　III.ことばの広がりを探る(動物のコミュニケーション／進化／世界の言語・文字／ピジン／国際語／言語の比較／手話／言語聴覚士など

学習院大 中島平三編

言 語 の 事 典（新装版）

51045-4 C3581　　B5判 760頁 本体19000円

言語の研究は、ここ半世紀の間に大きな発展を遂げてきた。言語学の中核的な領域である音や意味、文法の研究の深化ばかりでなく、周辺領域にも射程が拡張され、様々な領域で言語の学際的な研究が盛んになってきている。一方で研究は高度な専門化と多岐な細分化の方向に進んでおり、本事典ではこれらの状況をふまえ全領域を鳥瞰し理解が深められる内容とした。各章でこれまでの研究成果と関連領域の知見を紹介すると共に、その魅力を図表を用いて平明に興味深く解説した必読書

学習院大 中島平三・岡山大 瀬田幸人監訳

オックスフォード辞典シリーズ

オックスフォード 言語学辞典

51030-0 C3580　　A5判 496頁 本体12000円

定評あるオックスフォード辞典シリーズの一冊。P.H.Matthews編"Oxford Concise Dictionary of Linguistics"の翻訳。項目は読者の便宜をはかり五十音順配列とし、約3000項目を収録してある。本辞典は、近年言語研究が急速に発展する中で、言語学の中核部分はもとより、医学・生物学・情報科学・心理学・認知科学・脳科学などの周辺領域も幅広くカバーしている。重要な語句については分量も多く解説され、最新の情報は訳注で補った。言語学に関心のある学生、研究者の必掲書

前東北大 佐藤武義・前阪大 前田富祺他編

日 本 語 大 事 典
【上・下巻：2分冊】

51034-8 C3581　　B5判 2456頁 本体75000円

現在の日本語をとりまく環境の変化を敏感にとらえ、孤立した日本語、あるいは等質的な日本語というとらえ方ではなく、可能な限りグローバルで複合的な視点に基づいた新しい日本語学の事典。言語学の関連用語や人物、資料、研究文献なども広く取り入れた約3500項目をわかりやすく丁寧に解説。読者対象は、大学学部生・大学院生、日本語学の研究者、中学・高校の日本語学関連の教師、日本語教育・国語教育関係の人々、日本語学に関心を持つ一般読者などである

◆ シリーズ朝倉〈言語の可能性〉〈全10巻〉◆
中島平三監修／言語の学際的研究の紹介と、広大かつ深遠な可能性を詳細に解説

学習院大 中島平三監修・編
シリーズ朝倉〈言語の可能性〉1

言 語 学 の 領 域 I

51561-9 C3381　　A5判 292頁 本体3800円

言語学の中核的領域である言語の音,語句の構成,それに内在する規則性や体系性を明らかにし、研究成果と課題を解説。〔内容〕総論／音声学／音韻論／形態論／統語論／語彙論／極小主義／認知文法／構文文法／機能統語論／今後の可能性

学習院大 中島平三監修　前都立大 今井邦彦編
シリーズ朝倉〈言語の可能性〉2
言　語　学　の　領　域　Ⅱ
51562-6　C3381　　　　Ａ5判 224頁 本体3800円

言語学の伝統的研究分野といわれる音韻論・形態論・統語論などで解決できない諸課題を取上げ，その研究成果と可能性を解説。〔内容〕総論／意味論／語用論／関連性理論／手話／談話分析／コーパス言語学／文字論／身体言語論／今後の可能性

学習院大 中島平三監修　津田塾大 池内正幸編
シリーズ朝倉〈言語の可能性〉3
言　語　と　進　化・変　化
51563-3　C3381　　　　Ａ5判 256頁 本体3800円

言語の起源と進化・変化の問題を様々な視点で捉え，研究の現状と成果を提示すると共に今後の方向性を解説。〔内容〕総論／進化論をめぐって／言語の起源と進化の研究／生態学・行動学の視点から／脳・神経科学の視点から／言語の変異／他

学習院大 中島平三監修　東大 長谷川寿一編
シリーズ朝倉〈言語の可能性〉4
言　語　と　生　物　学
51564-0　C3381　　　　Ａ5判 232頁 本体3800円

言語を操る能力は他の動物にみられない人間特有のものである。本巻では言語の生物学的基礎について解説。〔内容〕総論／動物の信号行動とコミュニケーションの進化／チンパンジーの言語習得／話しことばの生物学的基礎／言語の発生／他

学習院大 中島平三監修　鳥取大 中込和幸編
シリーズ朝倉〈言語の可能性〉5
言　語　と　医　学
51565-7　C3381　　　　Ａ5判 260頁 本体3800円

言語の異常が医学の領域で特徴的な症状をなす，失語症，発達障害，統合失調症を中心に，各疾患における言語の異常の性質やその病理学的基盤について，精神神経科，神経内科，心理学，脳科学，人文科学など様々な立場から最新の知見を解説

学習院大 中島平三監修　奈良先端科学技術大 松本裕治編
シリーズ朝倉〈言語の可能性〉6
言　語　と　情　報　科　学
51566-4　C3381　　　　Ａ5判 216頁 本体3800円

言語解析のための文法理論から近年の統計的言語処理に至る最先端の自然言語処理技術，近年蓄積が進んでいるコーパスの現状と言語学との関連，文書処理，文書検索，大規模言語データを対象とする幅広い応用について，最新の成果を紹介。

学習院大 中島平三監修　南山大 岡部朗一編
シリーズ朝倉〈言語の可能性〉7
言　語　と　メ　デ　ィ　ア・政　治
51567-1　C3381　　　　Ａ5判 260頁 本体3800円

言語とメディアと政治の相互関連性を平易に詳しく解説。〔内容〕序章／言語とメディア／プリント・メディアの言語表現／ニュース報道の言語表現／テレビにおけるＣＭの言語表現／映像メディアの言語表現／政治の言語と言語の政治性／他

学習院大 中島平三監修　前東京女子大 西原鈴子編
シリーズ朝倉〈言語の可能性〉8
言　語　と　社　会・教　育
51568-8　C3381　　　　Ａ5判 288頁 本体3800円

近年のグローバル化の視点から，政治・経済・社会・文化活動に起因する諸現象を言語との関連で観察し研究された斬新な成果を解説。〔内容〕言語政策／異文化間教育／多文化間カウンセリング／異文化接触／第二言語習得／英語教育／他

学習院大 中島平三監修　宮城学院女子大 遊佐典昭編
シリーズ朝倉〈言語の可能性〉9
言　語　と　哲　学・心　理　学
51569-5　C3381　　　　Ａ5判 296頁 本体4300円

言語研究の基本的問題を検討しながら，言語獲得，言語運用と，これらを可能とする認知・心的メカニズムを，多角的アプローチから解説。〔内容〕総論／言語学から見た哲学／哲学から見た言語／一般科学理論と言語研究／言語の心理学的課題／他

学習院大 中島平三監修　東大 斉藤兆史編
シリーズ朝倉〈言語の可能性〉10
言　語　と　文　学
51570-1　C3381　　　　Ａ5判 256頁 本体3800円

言語と文学の本来的な関係性を様々な観点から検証し解説。〔内容〕総論／中世の英詩を読む／文体分析の概観と実践／幕末志士の歌における忠誠の表現と古典和歌／ユーモアの言語／文学言語の計量化とその展望／文学と言語教育／他

中島平三・瀬田幸人・田子内健介監訳
こ と ば の 思 想 家 50 人
―重要人物からみる言語学史―
51048-5　C3081　　　　Ａ5判 350頁〔近　刊〕

言語の研究・言語学の進展に貢献のあった人物をプラトンやアリストテレスらの古代から，ヤコブソン，チョムスキー，キャメロンに至る現代まで50人を選び出し解説する。50人の言語学者により言語学の重要な歴史が鮮明に浮かび上がる。

朝倉日英対照言語学シリーズ
全7巻

中野弘三・服部義弘・西原哲雄　[監修]

A5判　各巻160〜180頁

- 半期使用を想定した言語学科・英語学科向けテキスト.
- 日本語と英語の比較・対照により,言語学・英語学への理解を深める.
- 各巻各章末に演習問題を付す.解答解説を弊社HPにて公開.

第1巻	**言語学入門** 西原哲雄(宮城教育大学)編	168頁	本体2600円
第2巻	**音声学** 服部義弘(静岡大学名誉教授)編	168頁	本体2800円
第3巻	**音韻論** 菅原真理子(同志社大学)編	180頁	本体2800円
第4巻	**形態論** 漆原朗子(北九州市立大学)編	180頁	
第5巻	**統語論** 田中智之(名古屋大学)編	160頁	本体2700円
第6巻	**意味論** 中野弘三(名古屋大学名誉教授)編	160頁	本体2700円
第7巻	**語用論** 中島信夫(甲南大学名誉教授)編	176頁	本体2800円

上記価格(税別)は2022年7月現在